JN278574

コーヒー「こつ」の科学

石脇智広

柴田書店

はじめに

私は「科学」というコンパスを片手にコーヒーの森を楽しみながらさまよっている愛好家の一人です。ある時は先人がつくった道に行き着き、プロの技に隠された理由を知り、思わず唸ってしまいます。また、ある時はいつのまにかできた道に迷い込み、常識のうそを知ります。そして、コーヒーの核心に迫ろうと、自分でも一生懸命に道をつくったりもします。

道中でいろいろな愛好家に出逢い、コーヒーの楽しさを語り合ってきました。森の深さに躊躇してはじめの一歩を踏み出せない人にも出逢いました。これまでにいろいろなケースで私の持っているコンパスがコーヒー仲間のお役に立てたように思います。単純なもので、教えて喜ばれると、もっといろいろと教えたくなります。そのような体験を経て、「ぜひガイドブックをつくりたい」――そう思うに至りました。

そうしてできたのが楽しいイラスト満載のこの本です。これからはじめの一歩を踏み出そうという方、森に迷った方、森の風景に飽きて歩く楽しみをなくしてしまった方、自分で道を切り拓きたい方など、プロからアマまで、できるだけたくさんの愛好家に読んでいただけるように、幅広い内容をできるだけ簡単な言葉でQ&A方式にまとめてみました。

ただし、道の歩き方、つくり方は書いてありますが、どの道がいいかは書いていませんので、使いにくく感じる方もいると思います。ですから、まずはぱらぱらとめくって眺めてください。はじめの一歩を踏み出したい方は最初のパート、それ以外の方は気になった質問のあるパートがいいと思います。目から鱗が落ちるような回答が書かれているのであれば、この本はきっといいガイドブックになるはずです。ぜひ時間をかけて一冊を読み通してください。

一人でも多くの方のガイドブックになってくれることを祈りつつ。

コーヒー「こつ」の科学——目次

3 おいしいコーヒーを淹れるために——買い方、抽出方法、挽き方、保存方法

買い方

抽出方法

焙煎

ブレンド

包装

5　もっとコーヒーを知りたい人のために――栽培、精選、流通、品種

イラスト　川口澄子
デザイン　三木俊一
編集　美濃越かおる

I　コーヒーを知るための基礎知識

Q1 コーヒー豆って豆なんですか? コーヒーはどんな植物なのでしょう?

コーヒー豆は、コーヒーノキという植物の果実の種子を煎ったものです。

　コーヒーノキは、被子植物門双子葉植物網アカネ目アカネ科コーヒーノキ属に分類されます。コーヒーノキ属に分類される植物は七十種くらいあるといわれていますが、その中で商業作物として重要な種《しゅ》は二つ、アラビカ種（*Coffea arabica*）とカネフォラ種（*Coffea canephora*）です。カネフォラ種といわれてもピンとこない人も多いかもしれません。これはいわゆるロブスタのことです。実はロブスタはカネフォラ種の品種の一つにすぎないのですが、知名度が高く、カネフォラ種の代名詞になっています。

　アラビカ種は、現在生産されているコーヒーの六五%程度を占めています。ティピカやブルボンなど多くの品種があり、広く一般に好まれる風味を持ちますが、病気に弱いという弱点があります。モカ、キリマンジャロ、ブルーマウンテンなど、消費者になじみ深いコーヒーの多くはアラビカ種に分類される銘柄（147ページ参照）です。

　カネフォラ種は、現在生産されているコーヒーの三五%程度を占め、麦茶のような独特の香ばしさと強い苦みを特徴に持つコ

●コーヒーノキの植物学分類

- 被子植物門
  - 双子葉植物網
    - アカネ目
      - アカネ科
        - コーヒーノキ属
          - アラビカ種
            - 品種
              - ティピカ
              - ブルボン
              - など
          - カネフォラ種
            - 品種
              - ロブスタ
              - コウイロイ（コニロン）
              - など

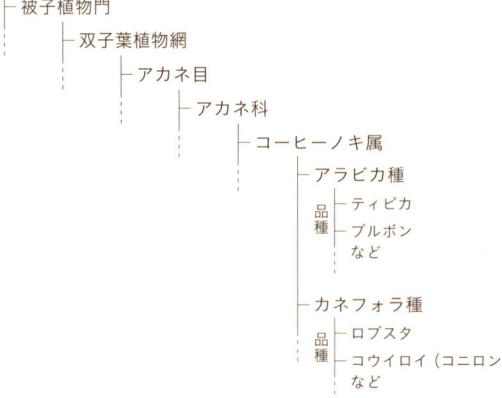

ーヒーで、耐病性の高さが特徴です。アラビカ種の病気の問題が深刻化した一九〇〇年頃から急激に普及していきました。

その他、リベリカ種（*Coffea liberica*）などもアジアや西アフリカの一部で生産されていますが、全生産量の一～二％程度にすぎません。

では残りの六十数種のコーヒーの木は商業作物として役に立たないのでしょうか？これについては、今のところは何とも言えません。近年のバイオテクノロジーの進歩はめざましく、いろいろなコーヒーの木に新たなスポットがあたる可能性は十分にあると考えられます。

Q2 コーヒーの木のルーツは？どんなふうにして広まっていったのですか？

コーヒーの木のルーツ、伝播のルートは種《しゅ》によって違います。

アラビカ種は、もともとエチオピアに自生していました。それが飲料の原料として六～九世紀頃イエメンに伝わっています。やがて種子が持ち出され、一六九九年にオランダの東インド会社によってインドネシアのジャワ島に運ばれて、そこでの栽培に成功しています。このコーヒーの種子から育てた数本の木が、一七〇六年、ジャワからアムステルダムの植物園に送られ、栽培されました。そして、その種子から育てられた苗が一七一三年、フランスのルイ十四世に贈られています。これが中南米のコーヒーのもとになっています。

一七二〇年頃、フランス人将校クリューはパリ植物園にあった苗木を赴任地であるマルティニーク島へ持ち出し、航海の苦難

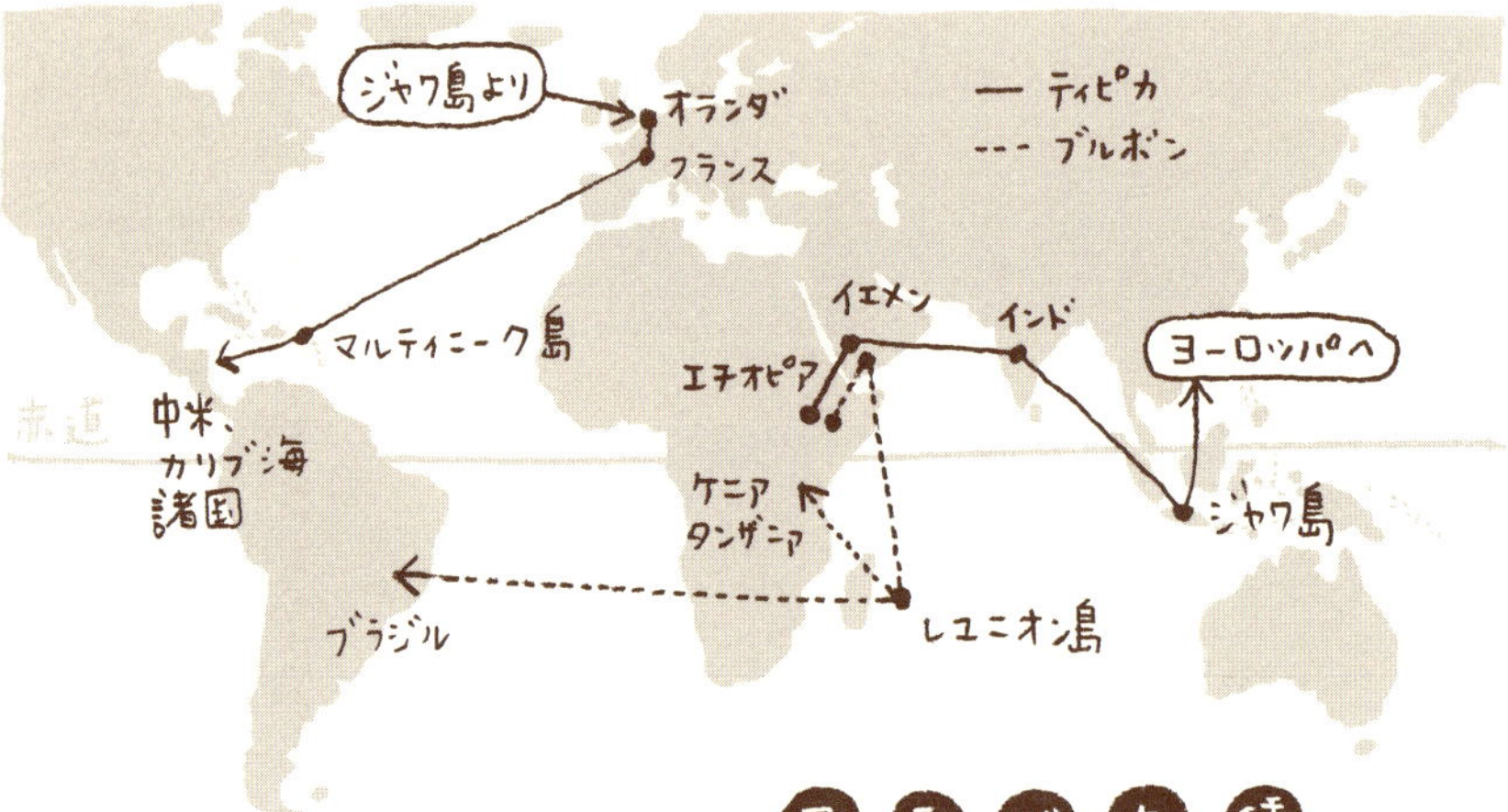

アラビカ種

に耐えた数株の栽培に成功しています。ここから他のカリブ海の国々へ、さらに中南米諸国へと広まっていきました。このルートで広まった品種がティピカです。私は二〇〇六年にパリ植物園、アムステルダム植物園を訪問しました。すでに当時のコーヒーの木はなくなっていましたが、アムステルダム植物園の研究員によるとマルティニーク島にはまだ残っているという話でした。

アラビカ種が広まっていったルートはもう一つあります。一七一七年（一七一五年という説もあります）に、イエメンからフランス人によってブルボン島（現在のレユニオン島）に導入されたアラビカ種のうち現地で突然変異を起こしたものが、その後旧イギリス領東アフリカ（現在のケニア、タンザニア）に移植され、後に中南米にも導入されています。このルートで広まっていった品種がブルボンです。

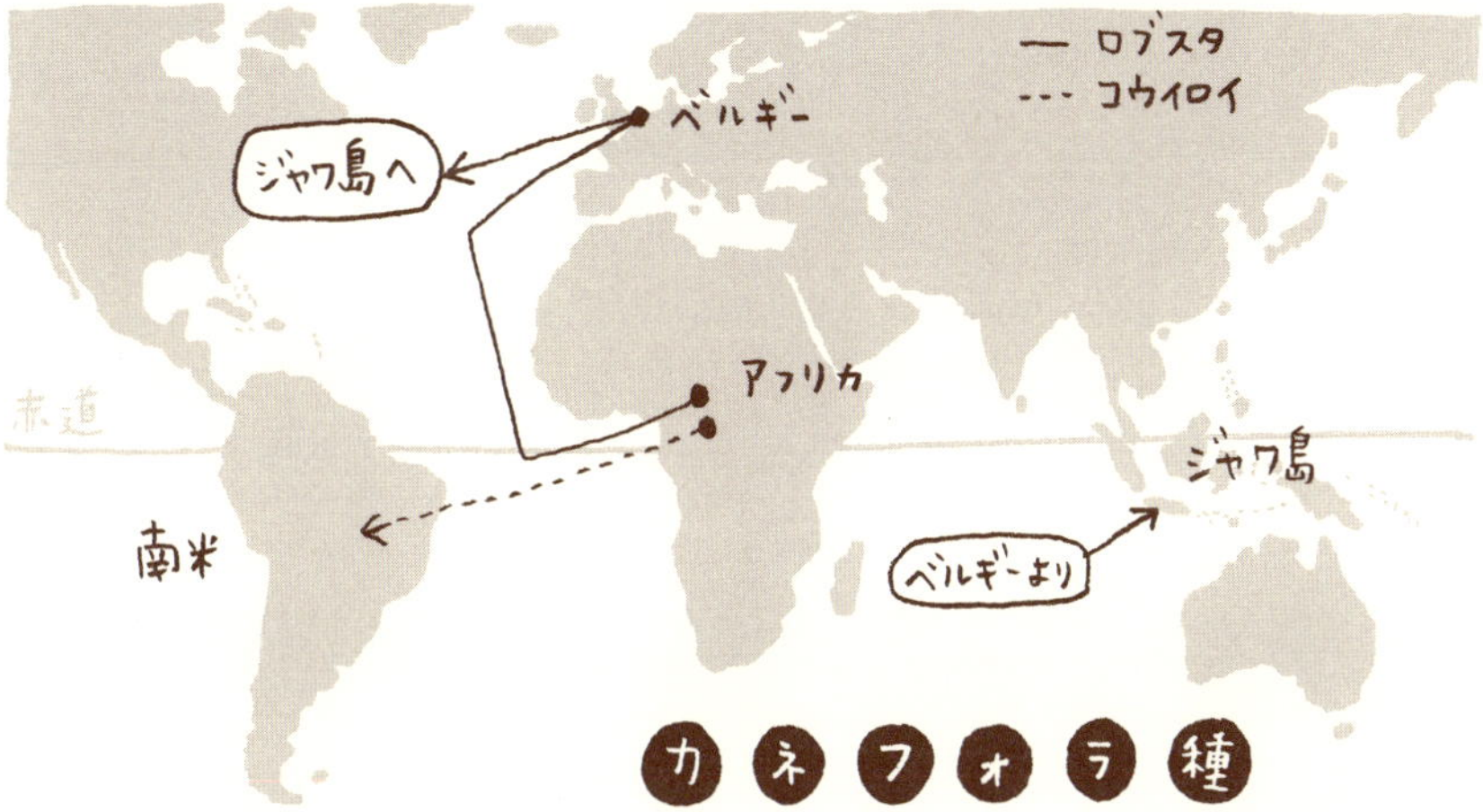

カネフォラ種

一方のカネフォラ種の歴史は浅く、十九世紀に入ってからヴィクトリア湖（ケニア、タンザニア、ウガンダにまたがるアフリカ最大の湖）の西で発見されました。一八六〇年代から一八八〇年代にかけて、アラビカ種は病気の大流行により大打撃を受けましたが、カネフォラ種は病気に強く、その点が評価されて、以後急速に導入が進められていきました。一八九八年にイギリスのキュー植物園からシンガポール、トリニダードへ送られたのが栽培の最初だといわれています。以来、熱帯各地に広まり、一九〇〇年にはベルギーからジャワ島に導入されています。

Q3 コーヒーの木はどんなふうに育ち、実をつけますか？

幼いコーヒーの木は苗床でしばらく育てられ、生育のよいものだけが栽培地に植え替えられます。しっかりと育つように水や肥料を与え、雑草を取り除きます。また、病気や害虫の予防も必要です。

このようなプロセスを経て、植えられて三年もたてば、一年に一度花を咲かせるようになります。乾季の後の雨が開花のシグナルとなり、一斉に花が咲きます。このとき緑色の農園は真っ白に染まり、辺り一面がジャスミンに似た香りに包まれます。花の命は短く、三日ほどでしおれ、一週間ほどで落ち、その後小さな実が残ります。アラビカ種は同じ花のめしべとおしべで受精できるので、風や虫の力を借りずに実を実らせることができます。カネフォラ種は遺伝的にそれができないため、風や虫の助けを借りて受精します。はじめは小さく青かった実は成熟とともに大きくなり、半年ほ

どかけて赤く（品種によっては黄色く）色づいていきます。そして待望の収穫の時を迎えることになります。

収穫が終わった後も土の状態を調べて足りない肥料を補ったり、剪定したり、翌年の収穫に向けて農園での作業は続きます。生豆となる種子を取り出した後の果肉を使った肥料づくりの作業も待っています。安定した品質のコーヒーをつくるために農家の努力は絶え間なく続きます。

さて、コーヒーの木は何年くらい生きるのでしょうか？　毎年たくさんの実を実らせると十数年で力尽きて、植え替えが必要になることがあります。一方、あまり無理をさせずに育てると何十年も収穫し続けることができます。私が見たものでは樹齢七十年が最長ですが、百年を超えて働き続けている木もあると聞きます。コーヒーの木も人間と同じように太く短い生き方もあれば、細く長い生き方もあるのです。

Q4 コーヒーの栽培はどんな国・地域で行われていますか？

コーヒーの木は熱帯植物ですので、暖かい地域で栽培されます。主な栽培地域は赤道を中心とした南緯二十五度と北緯二十五度の間に分布していて、これをコーヒーベルトと呼んでいます。ただし、コーヒーベルトの中にアラビカ種もカネフォラ種も一様に分布しているのではなく、それぞれ適正な環境で別々に育てられています。

寒がりなカネフォラ種は低地で、暑がりなアラビカ種は高地で栽培されることがほとんどです。赤道から遠ざかるにつれて、また高所になるにつれて気温は下がります

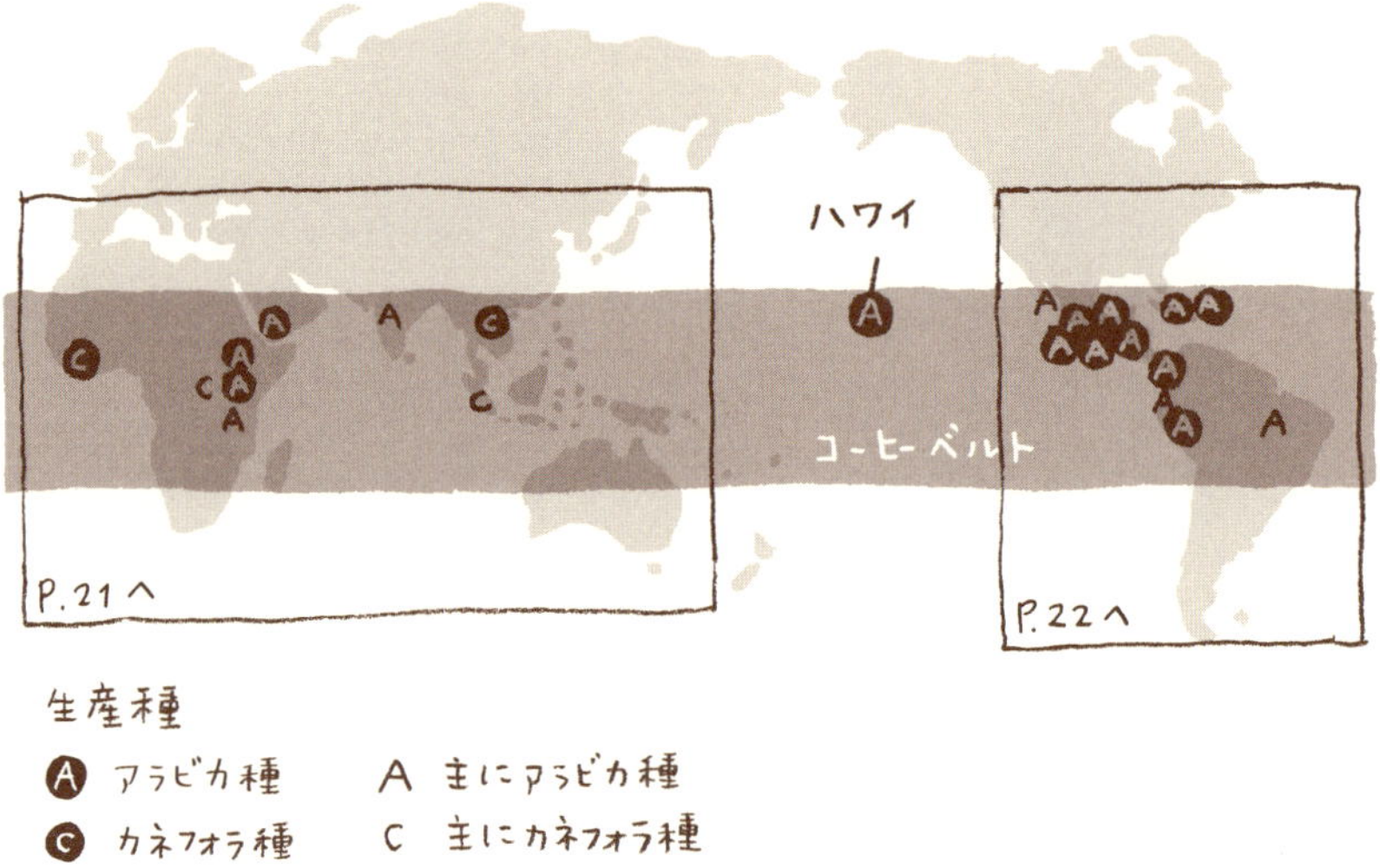
ハワイ
コーヒーベルト
P.21へ
P.22へ
生産種
Ⓐ アラビカ種
Ⓒ カネフォラ種
A 主にアラビカ種
C 主にカネフォラ種

から、同じ種《しゅ》でも赤道から離れるにつれて低地で栽培するのが一般的です。そして気温が低くなるにつれて生育が遅くなり、収穫期も遅くなる傾向がありますので、標高差の激しい産地や国土が南北に広い産地では、収穫期が長くなる傾向が見られます。

　アラビカ種とカネフォラ種を比較すると、カネフォラ種の方が育てやすいといえます。カネフォラ種はアラビカ種に比べると乾燥には弱いものの、どんな土壌にも対応できて丈夫なので、アラビカ種を育てるのが難

暑さに強い
カネフォラちゃん
⊙どんな土でも育つ
⊙寒い乾燥が苦手

しい地域でも栽培が可能です。

一方のアラビカ種は土壌を選びます。水はけがよく、根を深く張れるようなふかふかの土壌、しかも肥沃な弱酸性土壌であることが必要ですので、栽培に向いた地域は限定されてしまいます。土壌がアラビカの栽培に向いていない地域では、カネフォラの幹にアラビカを接《つ》ぎ木して栽培することもあります。

暑がり寒がりの
アラビカちゃん
◎味はよいけど暑さ
寒さに弱く、デリケート
◎別荘があるような
涼しいところを好む

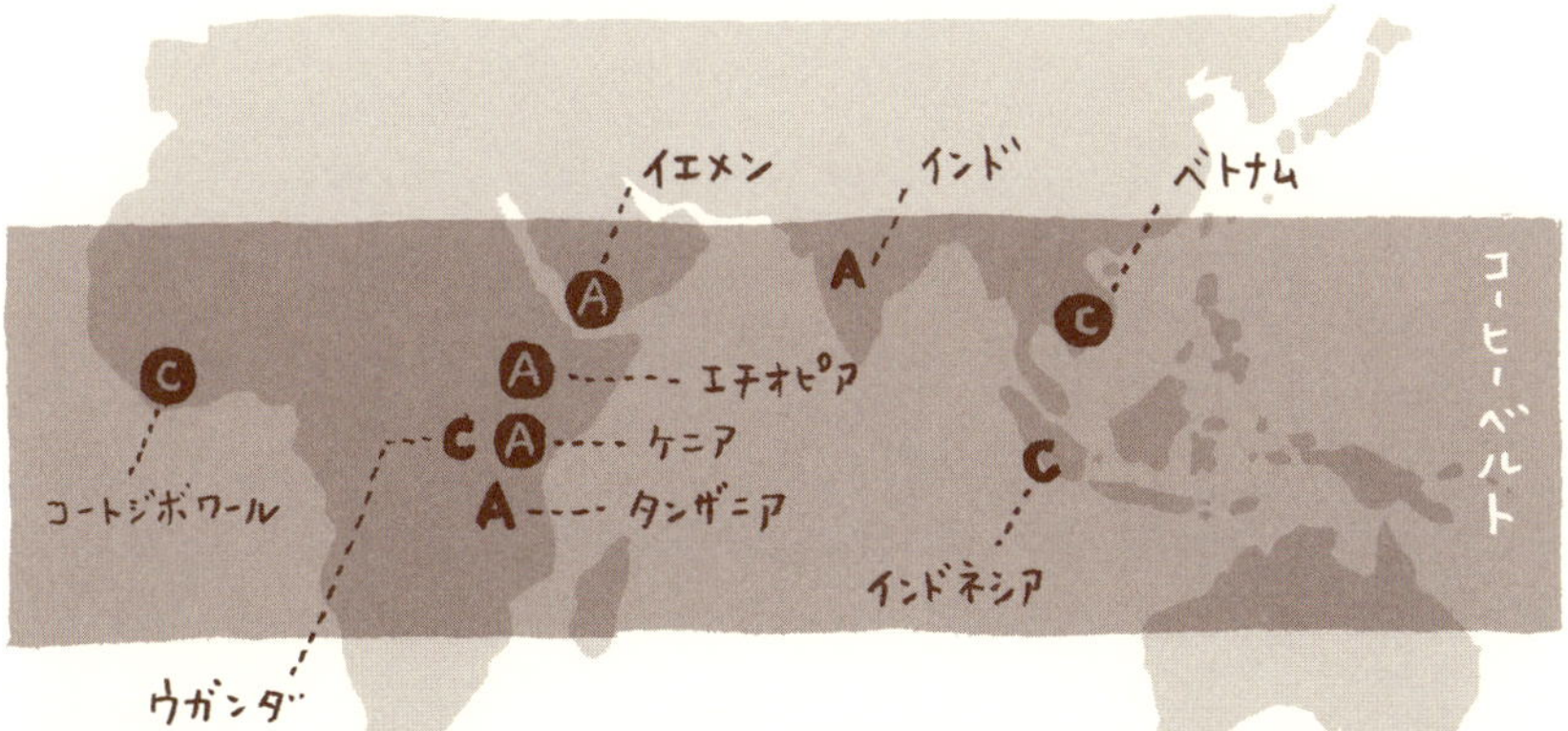
イエメン
インド
ベトナム
コーヒーベルト
エチオピア
ケニア
タンザニア
コートジボワール
インドネシア
ウガンダ
生産種
アラビカ種
カネフォラ種
A 主にアラビカ種
C 主にカネフォラ種

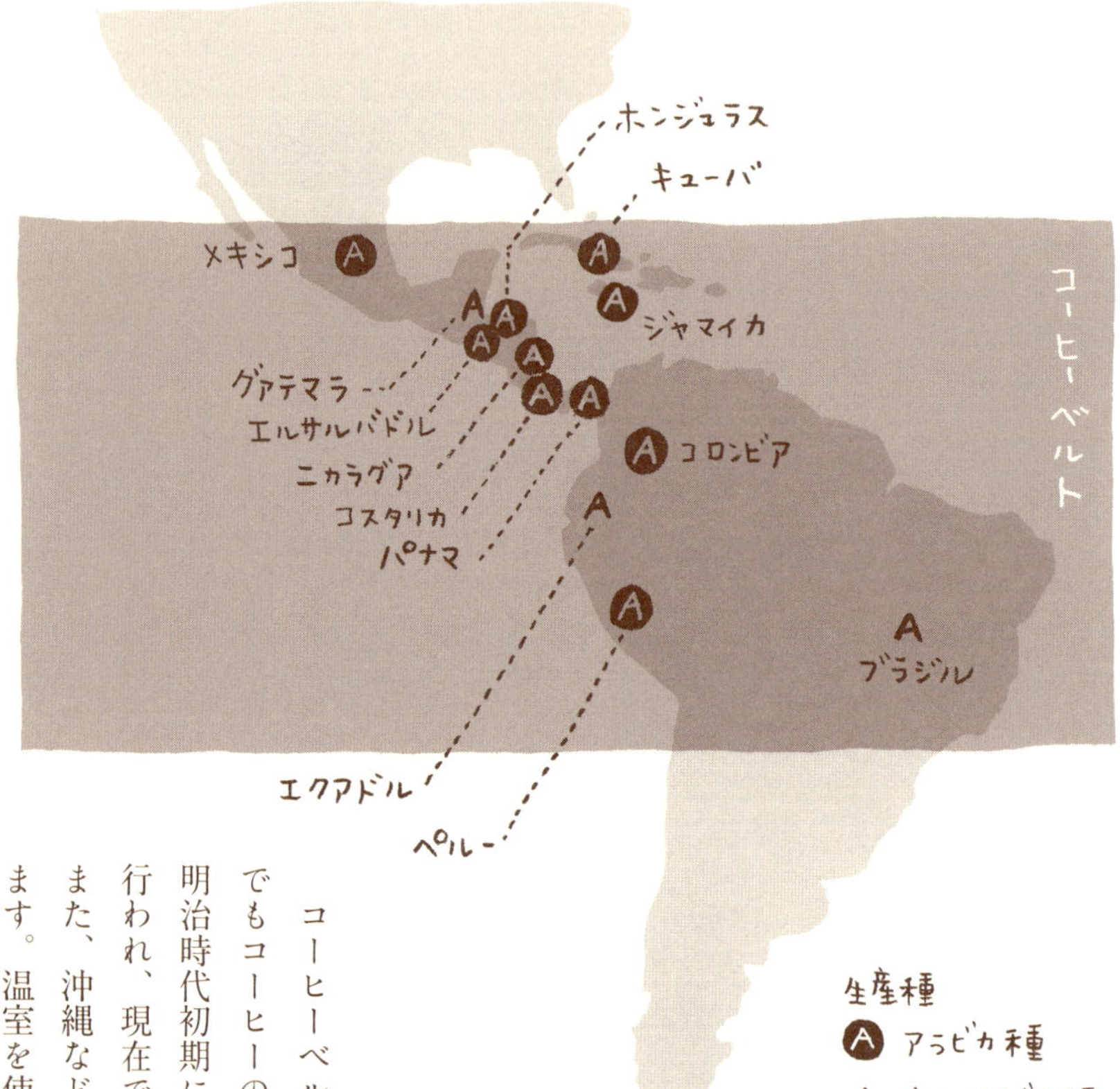

コーヒーベルトからは外れますが、日本でもコーヒーの栽培は可能です。実際に、明治時代初期には小笠原諸島で試験栽培が行われ、現在でも少量生産されています。また、沖縄などでも商業的に栽培されています。温室を使えば本州でも育てることは

できます。私も何本か育てていますが、うまく育てば三年で、産地でしか嗅ぐことのできないジャスミンに似た花の香りを楽しむことができます。もちろん一本の木からコーヒー数杯分程度の果実の収穫も可能です。ただし、味はといえばおいしくありません。適性のある地域で適切に栽培、精選することの重要性を実感します。

Q5 コーヒーの果実、種子はどんな形をしていますか？

コーヒーの果実（コーヒーチェリー）は楕円体で、花が落ちた直後はマッチ棒の頭程度の大きさですが、六〜八カ月間かけて少しずつ大きくなっていきます。収穫時の大きさは栽培環境や品種によって異なりますが、アラビカ種の場合は長さ一・五〜二cm程度、断面の直径一〜一・五cm程度で、カネフォラ種はそれよりもやや小さめになります。

果実は成熟の過程で赤く（品種によっては黄色く）色づいていき、完熟期を迎える頃には果肉がやわらかくなります。果肉は肉厚ではありませんが、甘みがあり、収穫を手伝う子供たちが口に放り込む姿を見かけることもあります。

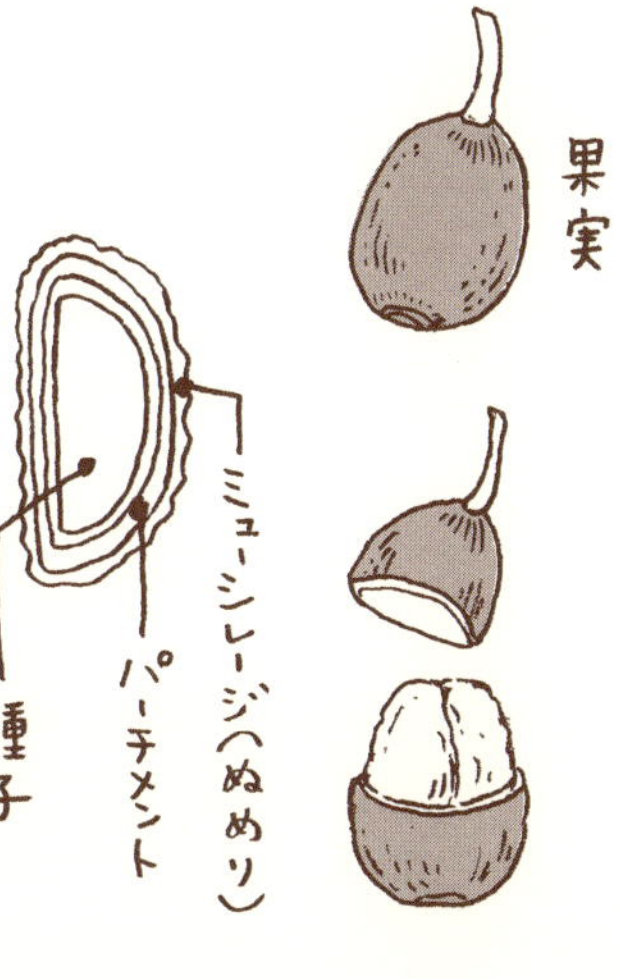

果肉を取り除くと薄い殻に覆われた種子が現れます。この薄い殻のことをパーチメントといい、薄い殻に覆われた状態の種子をパーチメントコーヒーと呼びます。パーチメントの表面にはぬめりが付着しており、このぬめりをミューシレージといいます。コーヒーの種子を取り出すには、果肉、ミューシレージ、パーチメントを取り除かなければならないことになります。

　コーヒーの種子のほとんどは、果実の中に二つ向かい合うようにして育ちます。だからコーヒー豆は片面が平らになるのです。

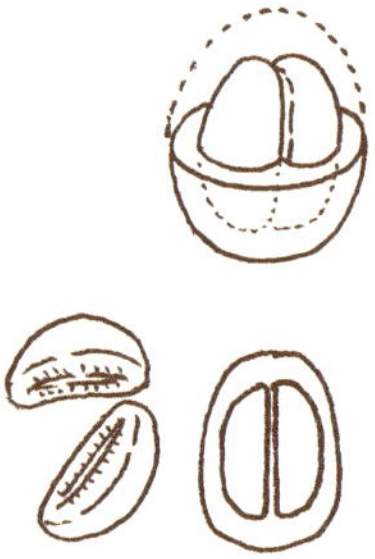
フラットビーン

この片面が平らな種子をフラットビーンといいます。

　一方、一部の種子（全体の五〜二〇％程度）は、一つの果実の中に一つという状態で育ちます。これは受精時あるいは環境的な要因で片方の生長が著しく悪い場合に起こります。この場合は種子は平らになることなく丸くなり、この丸い種子をピーベリーといいます。

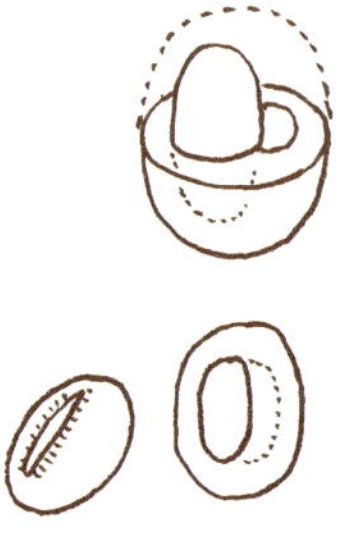
ピーベリー

　ピーベリーは選別工程（大きさを揃えたり、品質上好ましくない豆を取り除いたりする工程）でフラットビーンと分けることができ、希少性があるためにしばしばフラットビーンと区別されて売られています。ブラジル、ブルーマウンテンなどのピーベリーが有名で、フラットビーンよりもやや高い価格で売られています。でも、生産農家にとっては、本来一つの果実から二粒の豆ができるはずが一粒しかできないことになりますので、生産量が落ちることになり、あまりありがたい存在ではないようです。

Q6 コーヒーの果実はどんな工程を経て一杯のコーヒーになるのですか？

一杯のコーヒーができるまでには、たくさんの工程とそれに携わるたくさんの人々の苦労があります。

まずは、収穫された果実「コーヒーチェリー」の中から種子を取り出して「生豆《なままめ》」に加工します。この工程を「精選」と呼びます。精選工程のうち、果肉や薄い殻などを取り除く工程を本書では「精製」と呼び、大きさを揃えたり、品質上好ましくない豆を取り除いたりする工程を「選別」と呼びます。こうしてできた生豆は、袋詰めされて消費国に向けて輸出されていきます。

輸入された生豆は、専門の業者によって「焙煎」「ブレンド」されます。この専門業者のことを「ロースター」といい、焙煎された豆のことを「焙煎豆」と呼びます。

生豆は焙煎によって初めて飲用に適した状態になります。焙煎豆は豆の状態のまま消費者に届けられることもあり、それを粉砕した「粉」の状態で届けられることもあります。豆を粉砕するための機械（粉砕機器）は「ミル」といいます。

買ってきた粉、あるいは自分でミルで挽いた粉を「抽出器具」にセットして、湯を

注げば一杯のコーヒーができあがります。このコーヒーを淹れる工程を「抽出」といいます。抽出器具には、ペーパードリップ

用、ネルドリップ用、フレンチプレス、サイフォンなどさまざまな種類があります。

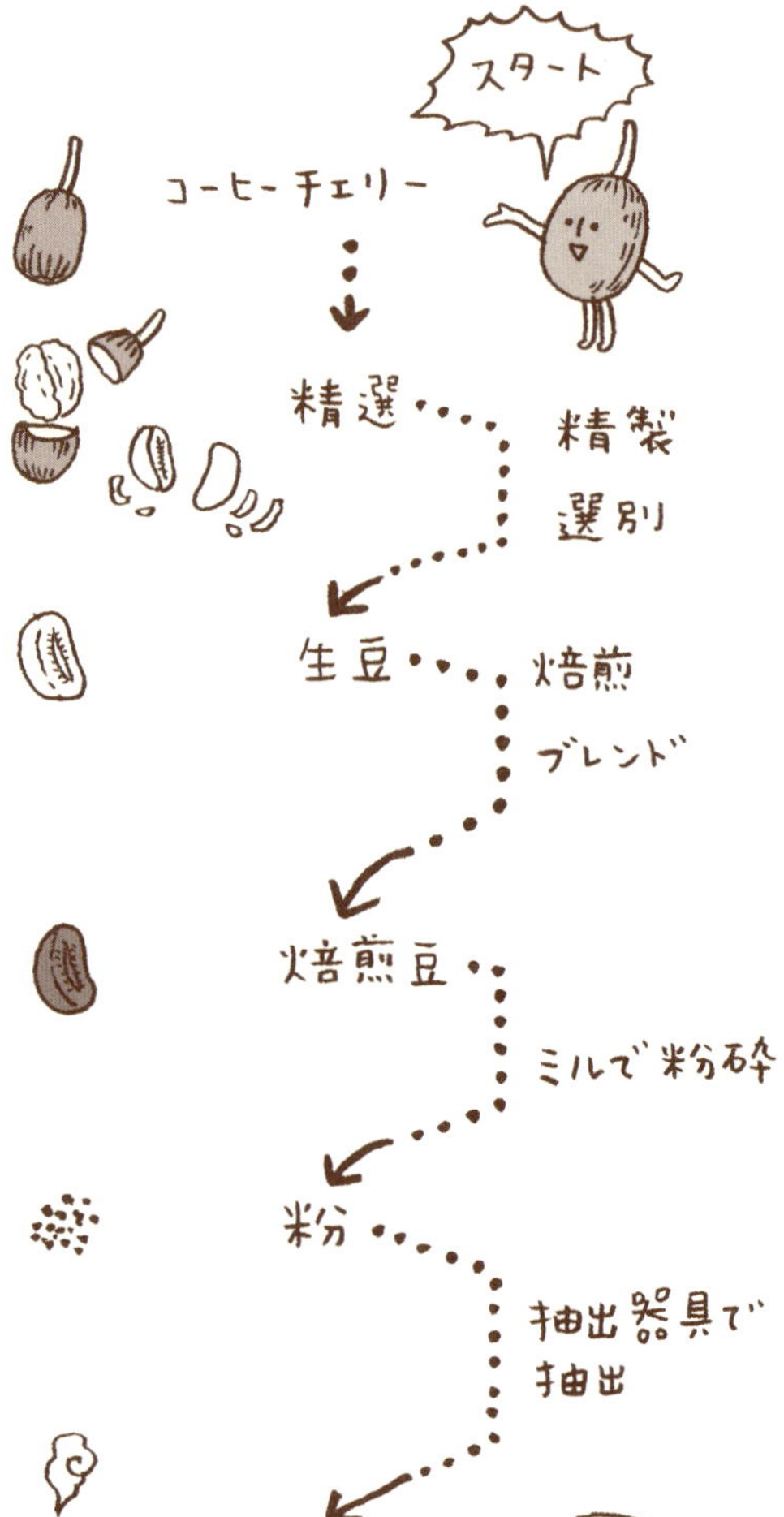
スタート
コーヒーチェリー
精選
精製
選別
生豆
焙煎
ブレンド
焙煎豆
ミルで粉砕
粉
抽出器具で
抽出
コーヒー
ゴール

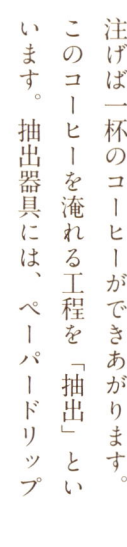

●コーヒーブレイク1

コーヒーは世界でどのくらい飲まれていますか？ どんなふうに飲まれていますか？

ICO（国際コーヒー機関）の統計（二〇〇七年度）によると、コーヒーの輸入量の一番多い国はアメリカで、日本の三倍近い量が輸入されています。二位はドイツ、三位が日本です。ただし、輸出国まで含めた消費量で見ると、ブラジルが二位で日本は四位になります。さらに、一人あたりで換算すると、フィンランド、ノルウェー、ベルギー・ルクセンブルク、デンマークなどが上位にきて、日本はフィンランドの四分の一程度でトップ10にも入りません。平均すると一日一杯以下という残念な状況です。それでも消費量自体は順調に伸びていますから、マーケットとしての可能性はまだあるということなのかもしれません。

コーヒーの飲まれ方は世界各国さまざまです。コーヒー発祥の地エチオピアでは、コーヒーセレモニーという日本の茶道のような伝統的かつ文化的な習慣があります。北欧などではコーヒーを煮出して上澄みだけを飲む方法も行われています。

●年間輸入量ベスト5

1位	アメリカ合衆国	1,426,440t
2位	ドイツ	1,112,460t
3位	日本	457,920t
4位	イタリア	456,000t
5位	フランス	384,060t

●年間消費量ベスト5

1位	アメリカ合衆国	1,217,940t
2位	ブラジル	960,000t
3位	ドイツ	515,040t
4位	日本	436,080t
5位	イタリア	328,320t

●年間一人あたりの消費量ベスト5

1位	フィンランド	12.04kg
2位	ノルウェー	9.65kg
3位	ベルギー・ルクセンブルク	9.38kg
4位	デンマーク	9.21kg
5位	スイス	9.14kg

ICO (International coffee organization) 2007年度統計より作成

使うのは種子だけではありません。イエメンやエチオピアでは、果肉を乾燥させて煎じて飲むこともあり、葉を煎じてお茶として飲むこともあります。私は現地で両方とも飲んだことがありますが、私たちが普段飲んでいるコーヒーとは違うおいしさがありました。

日本では家庭で飲まれるケースが多いので、抽出方法の主流はドリップでしょうか。家庭で飲むコーヒー、それはコーヒーの理想的なあり方の一つだと思いますが、個人的には喫茶店に復活してもらいたいです。七〇年代の喫茶店ブームの頃、私はコーヒーのおいしさも知らず、喫茶店のよさも知りませんでした（当時、喫茶店は不良の溜まり場とみなされていて未成年者は行くと補導されたのです）。現在では、喫茶店の数は当時の半分ほどです。あの雰囲気を味わうことはもうできないのでしょうか。

2　コーヒーの成分を知る

Q7

コーヒーの生豆はどんな成分で構成されていますか？

コーヒーの生豆には水分が九〜一三%程度含まれていますが、水分はコーヒーの味や香りを大きく変えるものではありません。これから紹介する成分の含有率は、無水物換算値といって、乾燥後の生豆に含まれる成分比率になります。この比率の違いがコーヒーの風味に大きな影響を与えます。

多糖類　生豆に含まれる成分で一番多いのは多糖類で、三五〜四五%程度含まれます。糖といっても甘いわけではなく、植物の骨格をつくっている繊維などを指しています。多糖類の含有率は、アラビカ種とカネフォラ種で明確な違いはありません。

タンパク質　タンパク質の含有率は一二%程度です。タンパク質も多糖類と同様に、植物の骨格をつくっている成分です。これもアラビカ種とカネフォラ種で明確な数値の違いはありません。

脂質　コーヒーの生豆には脂質も含まれています。コーヒーの脂質はリノール酸、パルミチン酸などの油脂から構成され、油脂の総量で見ると、アラビカ種では多いもので二〇%程度、カネフォラ種では最大で一〇%程度です。

少糖類（ショ糖など）　ショ糖（砂糖のことです）などの少糖類の含有率は、アラビカ種では多ければ一〇%程度になり、カネフォラ種では三〜七%程度です。

クロロゲン酸類　クロロゲン酸類はアラビカ種で五〜八%程度、カネフォラ種で七〜一一%程度含まれています。クロロゲン酸にはいろいろな仲間があり、カネフォラ種にしか含まれていないクロロゲン酸の仲間もあります。

酸（クロロゲン酸類以外）　クロロゲン酸類以外にも、クエン酸、リンゴ酸、キナ酸、リン酸など、総量にすると最大で二%程度の酸が含まれています。

カフェイン　カフェインは、アラビカ種では〇・九～一・四%くらい含まれています。カネフォラ種の場合は二%以上が一般的で、多い場合は三%を超えることもあります。

アミノ酸　アミノ酸の含有率は一～二%です。コーヒーの生豆に含まれるアミノ酸には、アスパラギン酸、グルタミン酸などいくつかあり、アラビカ種とカネフォラ種で

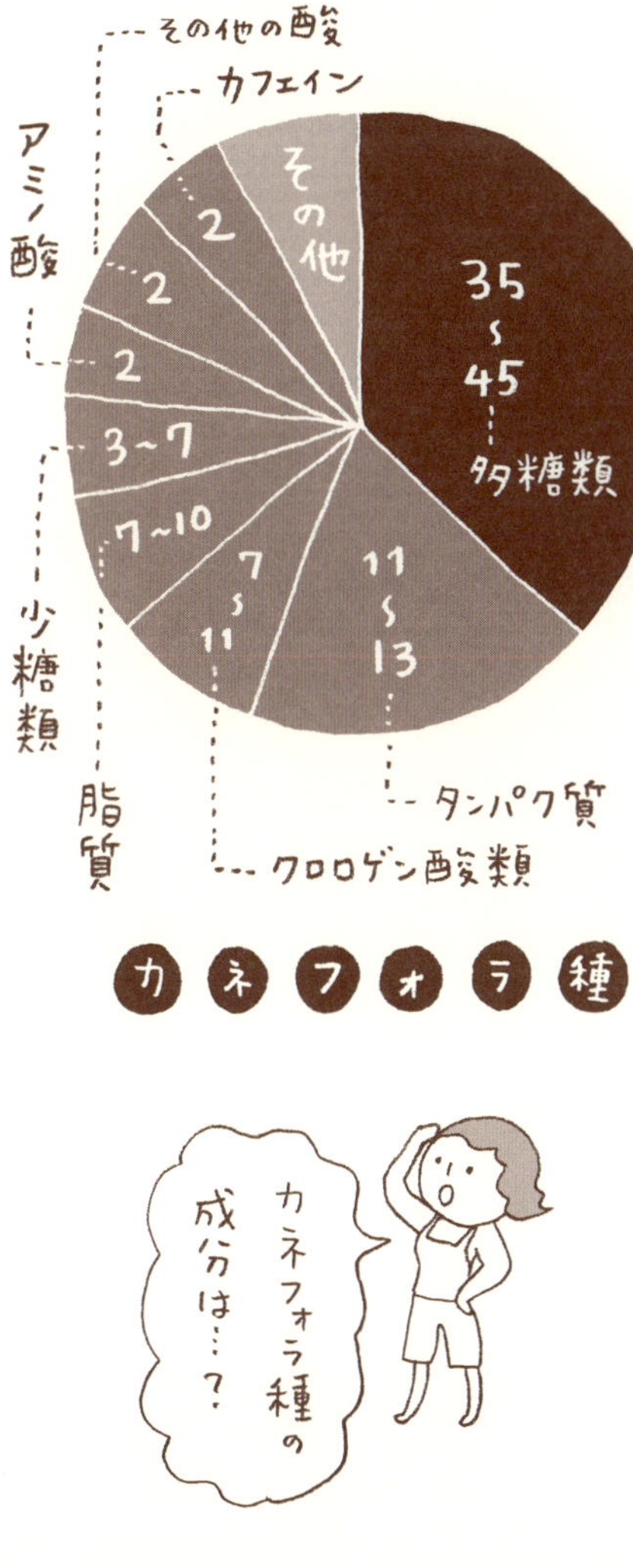

はどのアミノ酸がどの程度含まれているかに違いが見られます。

こうした成分のうち、アミノ酸、少糖類、クロロゲン酸類の含有率の違いは、アラビカ種とカネフォラ種の焙煎時の色づき方の違いや風味の違いにも大きく影響しています。

成分の含有率は産地によっても違いますし、栽培環境（標高、降水量、気温、施肥量）、さらには精選方法によっても変わってきます。私たちがコーヒーを飲んだときに感じる風味の違いは、このような成分の違いの影響を大きく受けているのです。

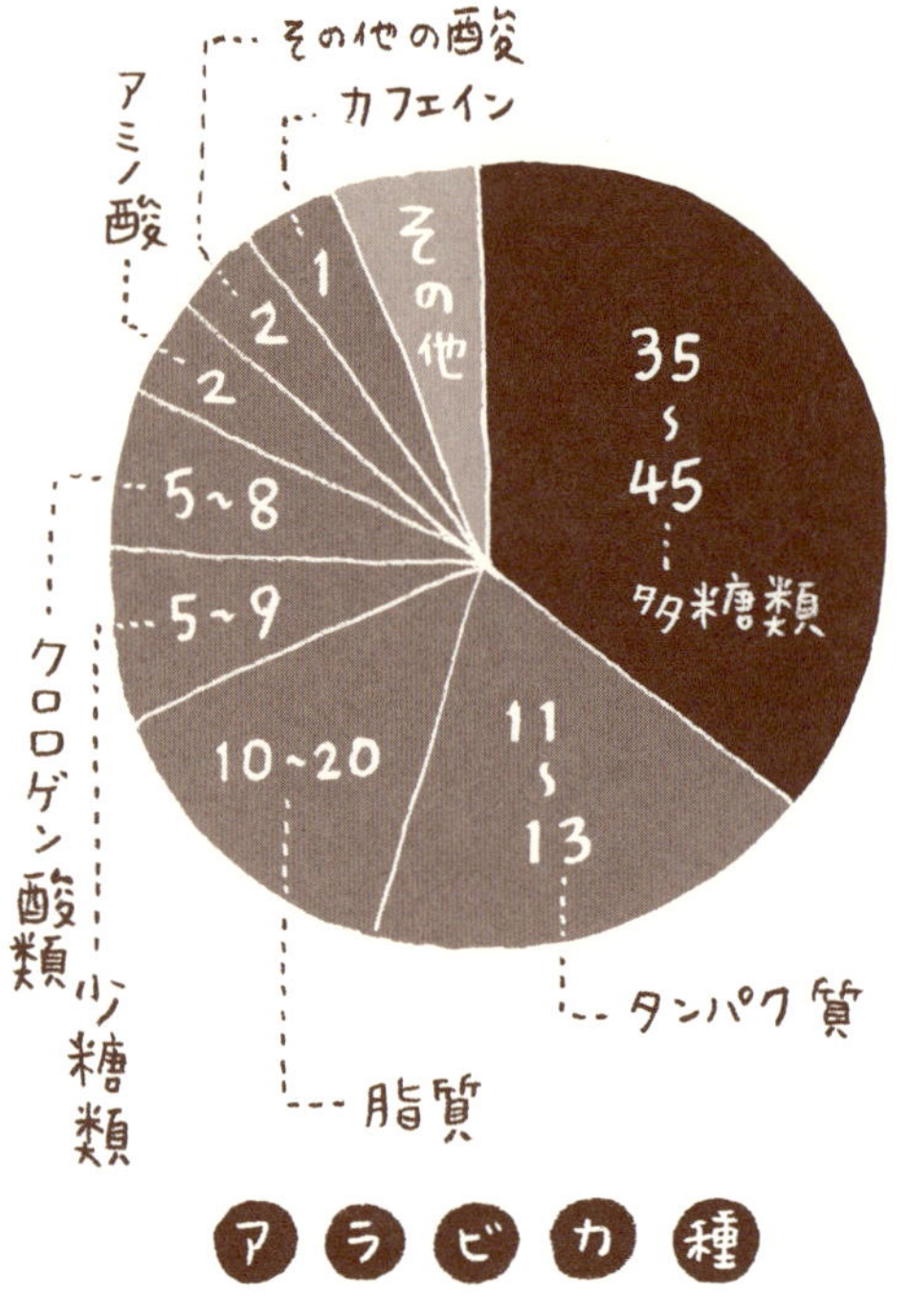

Q8 深煎り豆ほどカフェインが少ないのでしょうか? カフェインは身体に悪いのでしょうか?

カフェインはコーヒーを代表する成分だといえるかもしれません。コーヒーにカフェインが含まれていなかったら、ひょっとするとコーヒーはこれほどポピュラーな飲み物になっていなかったのではないでしょうか。その薬理作用はコーヒーの大きな魅力の一つです。

カフェインという名称は、一八二〇年頃にドイツの化学者ルンゲがコーヒー豆から取り出すことに成功したことを起源としています。数年後にはお茶から取り出された同じ物質がお茶由来であることからテインと名づけられ、これはその後カフェインに統一されるのですが、もしルンゲの仕事が数年遅れていたら、私たちはこの物質をテインと呼んでいたことになります。余談になりますが、ルンゲにコーヒーの研究をすすめたのは文豪、科学者、そしてコーヒー愛好家だったゲーテであるという逸話も残っています。

カフェインはアラビカ種よりもカネフォラ種に多く含まれています。熱に強い成分ですが、焙煎時の熱で一部気化してしまいます。コーヒー豆を焙煎したことのある人なら焙煎機の内部や煙突に白い物質が付着することを経験しているかと思いますが、あの白い物質がカフェインです。

焙煎中にカフェインが減ることを根拠に、「深煎りの方がカフェインが少なくてヘルシー」といわれることがありますが、これは二重の誤解を含んでいます。

一つめの誤解は、「深煎りにするとカフェインが少なくなる」という点です。たしかにカフェインは減少するのですが、焙煎によって豆の重量自体も同じように減少します。例えば、豆の重量が一五%目減りしているときには、カフェインも一五%目減りします。結果的には、深く煎ろうが浅く煎ろうが、カフェインの含有率はほぼ変わらないことになり、同じ重量を使って淹れればカフェイン量は変わらないことになります。

　二つめの誤解は、「カフェインが少ないとヘルシーである」という点です。カフェインにはさまざまな薬理作用があり、妊娠中であるとか、胃が荒れているとか、状況によっては摂取を控えた方がいい場合もありますが、適量を摂れば疲労回復などむしろ体に好ましい変化を与えます。

Q9 一杯のコーヒーにはカフェインがどのくらい含まれていますか？ 煎茶や紅茶よりも多いですか？

　コーヒーやお茶など嗜好飲料は、個々人の淹れ方や嗜好などによる濃度の範囲が非常に広いので一概には言えませんが、市販の商品のパッケージに記載された方法で淹れると、百二十ccのコーヒーには六十〜百㎎程度のカフェインが含まれます。エスプレッソ（三十cc）のカフェイン量も同程度です。お茶の場合は、煎茶（百二十cc）では二十㎎程度、紅茶（百二十cc）では三十㎎程度になりますから、コーヒーはお茶と比べてカフェイン量が多めになる傾向があるといっていいでしょう。

　では、コーヒーをどのくらい飲むとカフェインの摂取量が多すぎて危険になるのでしょうか？　これは飲む人の体質や体調、体重にもよりますが、一度に五杯も六杯も飲むようなことをしない限りは、あまり気にする必要はないといわれています。

　個人的には、コーヒーはただの嗜好飲料だと考えています。おいしく飲める範囲で楽しめばいいと思います。体にいいからと無理をして飲んだり、体に悪いからと不当に悪者扱いしたりするのは、やはりちょっとコーヒーがかわいそうです。

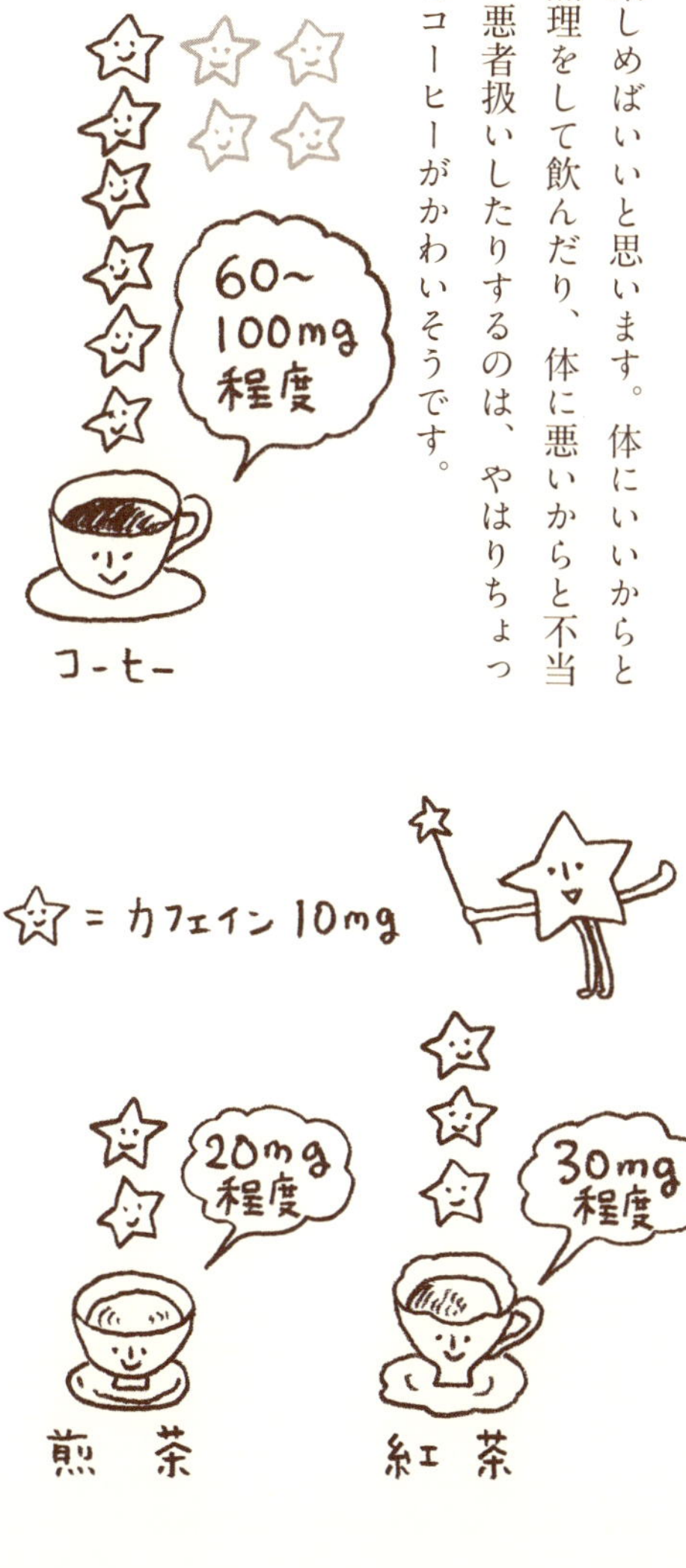
60~100mg程度
コーヒー
= カフェイン10mg
20mg程度
30mg程度
煎茶
紅茶

Q10 カフェインレスコーヒーはどんなふうにしてカフェインを除去していますか？

カフェインを九〇％以上取り除いたコーヒーを「カフェインレスコーヒー」あるいは「デカフェ」と表記することができます。カフェインの除去には、以前は有機溶媒を使うのが一般的でしたが、溶媒の残存性の問題やその発ガン性の問題があり、現在日本では禁止されています。日本では、水で取り除く方法と二酸化炭素で取り除く方法のいずれかで処理されたものが主に流通しています。

水は私たちにとってとてもなじみ深く、安心感のある物質です。しかし、カフェインはあまり水に溶けない物質ですので、実は溶かし出すのが大変です。さらにアミノ酸、少糖類、クロロゲン酸類などコーヒーの風味形成のもととなる成分は水に溶けやすいために、カフェインより先にこれらが取り除かれてしまうという問題点があります。

これを解決したのがスイスウォーター式という方法です。スイスウォーター式では、生豆に含まれるカフェイン以外の水溶性の成分をあらかじめ溶かせるだけ溶かし出しておいた水を処理に使用します。この水に漬けられた生豆からは、まずは水に溶け出しやすいアミノ酸、少糖類、クロロゲン酸類が溶け出そうとしますが、すでに目一杯溶け込んでいるためにこれらは溶け出すことができません。一方、カフェインは処理する水に含まれていないので溶け出すことができます。ただし、あまりたくさん溶け出すことはできませんので、何度も繰り返

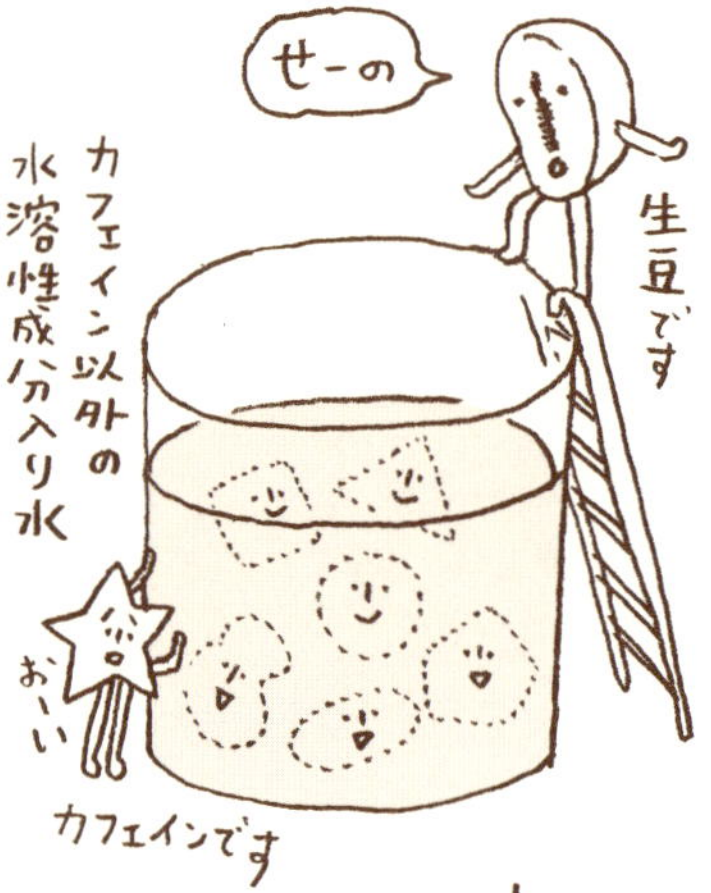

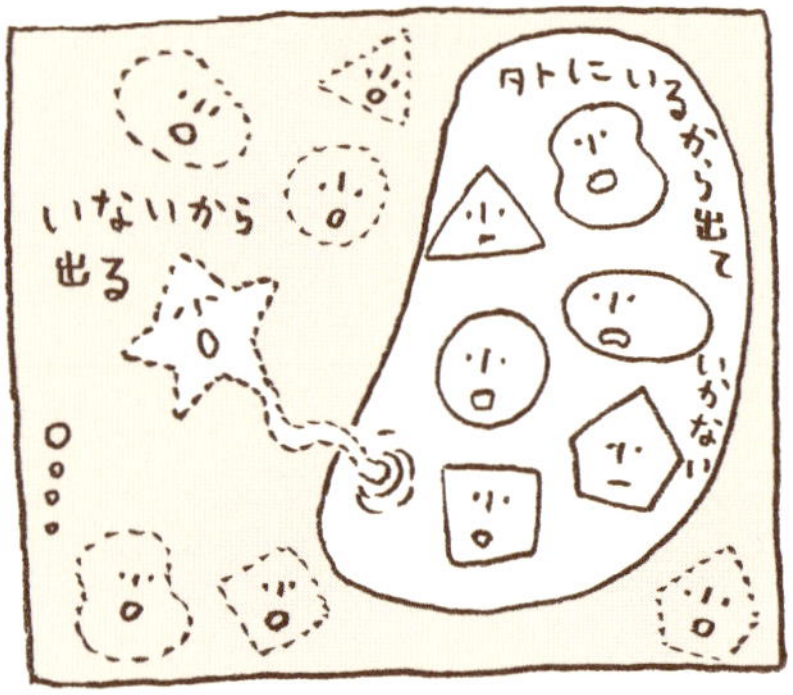

し漬けることで少しずつ取り除いていきます。カフェインが溶け出した処理用の水は、活性炭で濾過してカフェインを取り除くと再び使用できます。このようにして主要な成分を損ねることなくカフェインを取り除くのです。

二酸化炭素を使う方法では、圧力と温度を調整することによってカフェインを効率よく溶かし出します。二酸化炭素は通常は気体ですので、圧力をかけて気体と液体の両方の性質を持った状態（この状態を超臨界といいます）、あるいは液体にして使用します。超臨界の方がカフェインの除去率が非常に高くなり、液体の方はそれと比較するとやや除去率は低いのですが、コーヒーの風味形成のもととなる成分がほぼそのまま残されるという特徴があります。

Q11 コーヒーの苦みの正体は何ですか？

コーヒーの苦み成分としてはカフェインが有名ですが、実際には、カフェインは苦みとして感じられる成分のうちのせいぜい一〇％程度だといわれています。これは焙煎豆に含まれるカフェインの濃度が焙煎度によらずほぼ一定であることや、カフェインレスコーヒーでも苦みがあることを考えると明らかでしょう。では、残りの九〇％は何なのでしょう？

コーヒーの苦みのもとの一つは褐色色素です（Q14に詳述）。褐色色素は大きさによっておおまかに分類することができ、大きなものほど苦みが強くなります。コーヒーの場合、深煎りになるにつれて褐色色素のの量が増え、大きな（苦みの強い）色素の割合が増えていきます。これは深煎り豆で淹れたコーヒーほど苦みを強く、質感を重く感じる私たちの日常の経験と一致します。

実はアラビカ種とカネフォラ種では、苦みの強さや質が違います。これも褐色色素の量と大きさの違いに起因しています。カネフォラ種はアラビカ種に比べて少糖類の含有率が低いためにカラメル化があまり起こらず、大きな色素がつくられやすい傾向があります。そのため焙煎度の割には苦みの質が重くなりがちです。

苦みのもととしてもう一つ考えられるのは、アミノ酸やタンパク質が加熱されたときにできるジケトピペラジンという物質です。これはアミノ酸が二つくっついてできる物質で、くっつき方によって苦みの強さが異なります。コーヒーのほか、ココアや黒ビールなどの苦みの一部を構成する物質としても知られています。

では、苦みの強さや質をコントロールすることはできないのでしょうか？　これはもちろん可能です。豆の種類や焙煎度、焙煎方法を変えれば苦みは変わりますし、抽出の仕方によっても変えることができます。

Q12 コーヒーの酸味の正体は何ですか？

生豆にはクエン酸、リンゴ酸、キナ酸、リン酸など、酸味につながる成分が含まれていますが、これらがそのままコーヒーを飲んだときに感じる酸味になるわけではありません。焙煎によってつくられる酸が、酸味の主役です。

生豆を焙煎すると、豆に含まれる諸成分が化学反応を起こし、新たに酸がつくられていきます。代表的なところでは、クロロゲン酸類が分解してキナ酸ができる反応や、

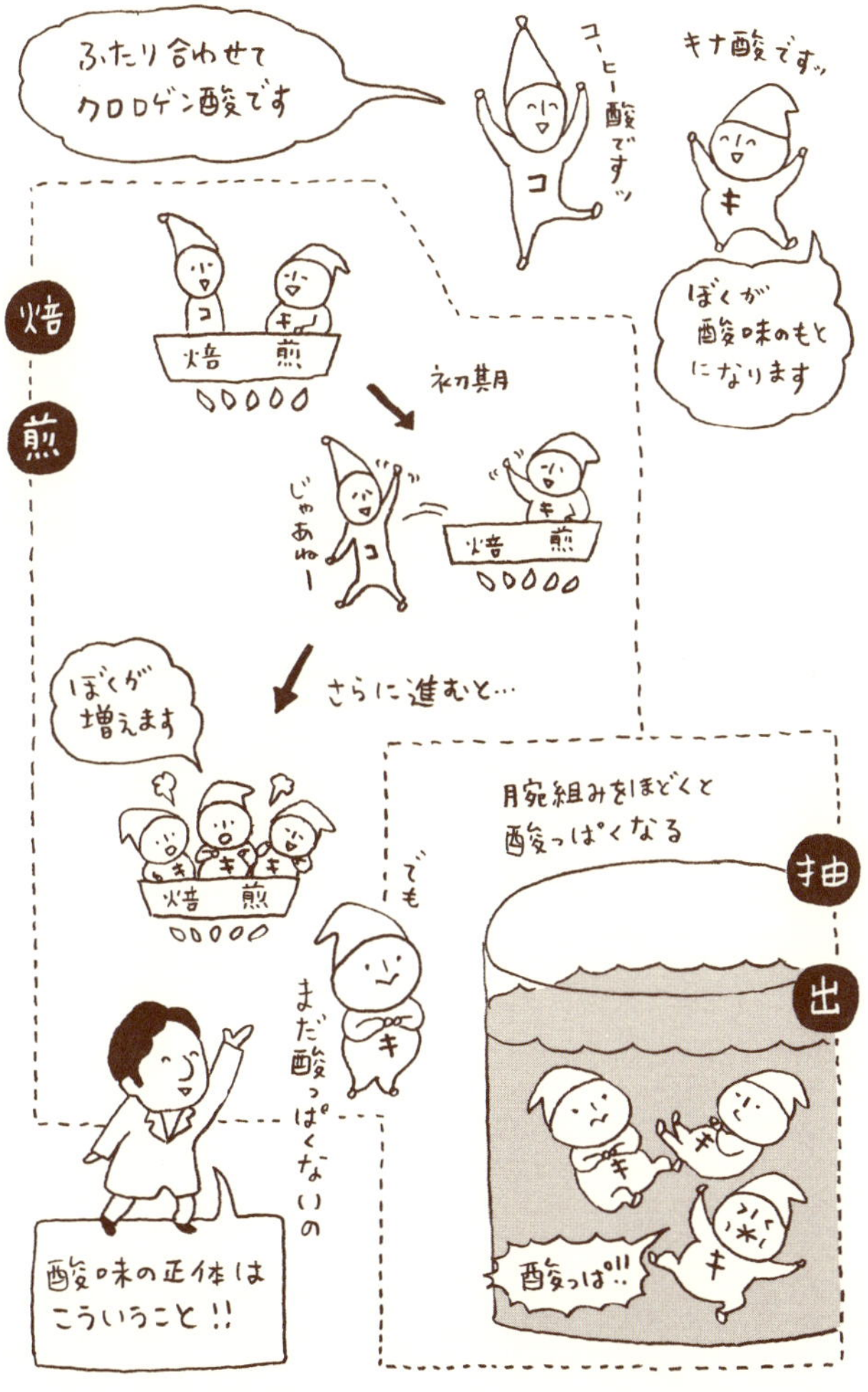

少糖類が分解して揮発性のあるギ酸や酢酸ができる反応があります。

焙煎中に起こるこうした化学変化により、焙煎の途中（市販の浅煎りコーヒー豆よりもはるかに浅いレベル）までは焙煎すればするほど酸の総量が増えていきます。つまり、途中までは焙煎を進めるにつれて酸味は強くなります。しかし、その後さらに高温にさらされることによって、今度は酸の熱分解が始まります。その段階を過ぎると焙煎が進むにつれて酸味が減っていくことになります。

焙煎豆に含まれる酸でもっとも多いのは、焙煎によって増加するキナ酸です。量が多いだけでなく、酸味の増強効果も高く、コーヒーの主要な酸味成分として知られています。その他にクエン酸、酢酸、リン酸なども多く含まれます。それぞれ酸味の強さ、質が異なりますので、酸味といってもその内容は複雑です。

焙煎豆に含まれる酸味を示す成分の総量や割合は、当然生豆の組成の影響も受けますので、どのような原料を選ぶかで酸味の出方はある程度は変わります。例えば、カネフォラ種は酢酸のもととなる少糖類の含有率が低いために、揮発性のあるシャープな酸味を表現することはできません。

また、酸味の出方はキナ酸の状態によっても変わります。キナ酸には酸味を示すものと、酸味につながる部位が隠されていて（腕組みをして酸味を示す手を隠しているような状態になっています）酸味を示さないものとがあります。淹れたコーヒーが酸っぱくなっていくのは、熱湯中で酸味を示さないタイプのものが徐々に腕をほどき始めることが原因となっています。

Q13

完熟果からとった豆ほど甘みのあるコーヒーになるのでしょうか？

「完熟果実の種子からつくった豆（完熟豆）は甘い」――これは消費国のみならず産地でもいわれています。完熟豆には糖分が多く含まれ、それがコーヒーの甘みになるという説ですが、これは誤解です。

生豆が含むショ糖の量は、たしかに果実の熟成が進むにつれて増加していきます。ですから、生豆を摂取するのであればこの説は正しいといってもよいかもしれません。しかし、焙煎した豆の場合には、これは不正解です。なぜなら、生豆に含まれていたショ糖は、焙煎によってほとんどなくなってしまうからです。ショ糖は焙煎するとコーヒーの色、香り、酸味のもととなります。実際には果実の熟度が高くなると、焙煎時の色づきがよく、香りと酸味の豊かなコーヒーになるのです。ショ糖が甘みのもとになっているとすれば甘いカラメル香としてであって、舌に感じる甘みとしてではありません。

では、コーヒーを飲んだときに感じる甘みはどこからくるのでしょう？　これは私にとっても謎です。甘みにつながりそうな物質はあるのですが、答えはまだ出そうにありません。海外の文献をいろいろと調べてもみました。日本ではあまりコーヒーの研究はなされていませんが、世界では毎月数十本のコーヒーに関する論文が発表されています。しかし、そこにも答えはありません。海外の文献の山と向き合って感じるのは、「コーヒーは甘い」という感覚自体が、つい最近までなかったのではないかということです。苦み、酸味、香りなどに関する研究例はたくさんあるのですが、甘みに関しては見当たらないのです。ひょっとするとこれは日本人特有の感覚だったのかもしれません。

Q14 コーヒー豆はなぜ焙煎すると茶色くなるのですか？

コーヒーの生豆は淡緑色ですが、焙煎すると茶色に変わります。焙煎豆独特のこの茶色は少糖類、アミノ酸、クロロゲン酸類が主役となってつくる褐色色素によるものです。ここでいう褐色色素とは、一つの色あるいは成分を指しているのではなく、異なる色をしたたくさんの成分の総称です。

生豆が焙煎中に刻々と色を変えていくのは、褐色色素の総量とその大きさの割合が変化することによります。褐色色素は大きさによっておおまかに分類することができます。浅煎りでは小さい色素が多く、焙煎が進むにつれて色素の総量が増えていくとともに、大きな色素の割合が増えていく傾向が認められます。

浅煎りの豆に多く含まれる小さなやや黄みの強い色素は、焙煎初期段階に起こる化学反応によるもので、少糖類が熱分解したものとクロロゲン酸類が反応してつくられます。

その後焙煎が進むと少糖類のカラメル化が起こり、カラメル色素がつくられます。このカラメル色素に少糖類とアミノ酸の反応によってできたメラノイジンという色素が加わって、もう少し大きな赤褐色の色素が形成されます。メラノイジンができる反応はメイラード反応といって、食品にかかわる化学反応の中でたいへん重要なものの一つです。パンを焼いたときの色、味噌やしょうゆの色などもメイラード反応によってつくられるものです。

さらに焙煎が進むと、タンパク質や多糖類も加わって、百倍以上に巨大化した黒褐色の色素へと変化していきます。

こうした色素は、実はコーヒーの苦みを構成する要素の一つで、色素が大きくなるにつれて苦みが強く、重くなることが知られています。深煎りになるにつれて苦みの強さや質感が変化していくのは、これら色素の変化が影響しています。

Q15 コーヒーの生豆を焙煎するといい香りがするのはなぜですか？

コーヒーの生豆には二百種類程度の香気成分が含まれていますが、それは私たちにとって心地よい香りではありません。コーヒーに香りという魅力を与えてくれるのは、焙煎という火の洗礼とその結果生じるたくさんの香気成分です（報告されているものだけでも七百種類程度あります）。味に寄与する成分と比べるといずれも微量ですが、その影響は大きく、コーヒーの主要な要素といっても過言ではないでしょう。

焙煎時の豆の色の変化にメイラード反応が関連することはQ14で触れましたが、実は香りの形成にもメイラード反応が大きな役割を果たしています。味噌、しょうゆ、あるいは焼いた肉やパンには独特の香りがありますが、それらはメイラード反応に伴って形成されたものです。コーヒーの香りも同じです。どのような香りがどの程度つくられるかは、アミノ酸の組成や加熱条件によって変わります。コーヒーにはいろいろなアミノ酸が含まれていますが、その組成は種《しゅ》、栽培条件、精選時の加工方法などによって変わってきますので、どんな生豆を選ぶかで香りは変わることになります。また、同じ生豆を使っても焙煎時の豆の温度の上がり方や焙煎度で香りは変わってきます。

同じくQ14で触れたカラメル化も、コーヒーの香りをつくる化学反応の一つです。カラメルがつくられるときに漂う揮発性の酸の香りや甘い香りは、コーヒーの香りの重要な要素です。

その他にもクロロゲン酸類などいろいろな物質が熱にさらされることによって香りをつくることが知られています。

焙煎によって生じたたくさんの香気成分は、焙煎度によって変化します。変化のパターンは、❶変化の少ないもの、❷ある程度まで増えた後減少していくもの、❸焙煎するにつれて増加していくもの――この三つに大きく分けられます。❶はもともと生豆に含まれていた成分に多く見られ、❸はスモーク臭や刺激臭を伴った成分が挙げられます。❷は私たちにとって心地よい甘酸っぱい香りや甘いロースト香の成分です。

焙煎度によって香りの質や強さが変わるのは、これら三つの香気成分の総量とバランスが変わることに起因しています。

Q16 コーヒーに含まれているというクロロゲン酸ってどんな物質ですか？

クロロゲン酸はコーヒータンニンとか、コーヒーポリフェノールなどともいわれ、近年その生理活性（抗酸化性など）がにわかに注目を集めている物質です。

クロロゲン酸は、コーヒー酸とキナ酸が結合した構造の物質です。結合の仕方（一対一なのか二対一なのか、どの部位で結合するのか）に違いがあったり、パーツとなるコーヒー酸の一部の構造が違っていたりでいくつかの類似した物質があり、これらをまとめてクロロゲン酸類と呼んでいます。コーヒーの生豆に含まれるクロロゲン酸類としては、十種類以上が報告されています。

クロロゲン酸類は、生豆の品質を見るた

めの重要な指標の一つです。コーヒー酸とキナ酸が一対一で結合したものをモノクロロゲン酸（モノは一を意味します）、二対一で結合したものをジクロロゲン酸（ジは二を意味します）といいますが、コーヒーチェリーに含まれるジクロロゲン酸が果実の成熟の過程でモノクロロゲン酸に変化していくことが知られています。つまり、ジクロロゲン酸に対するモノクロロゲン酸の比率が大きいということは熟度が高いことを意味

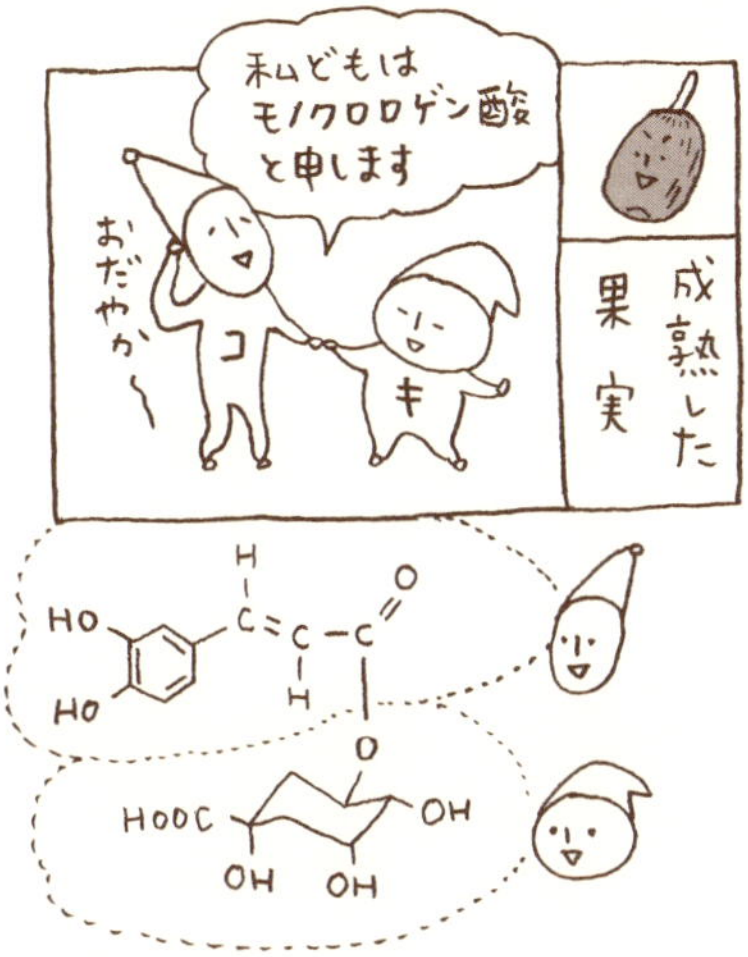

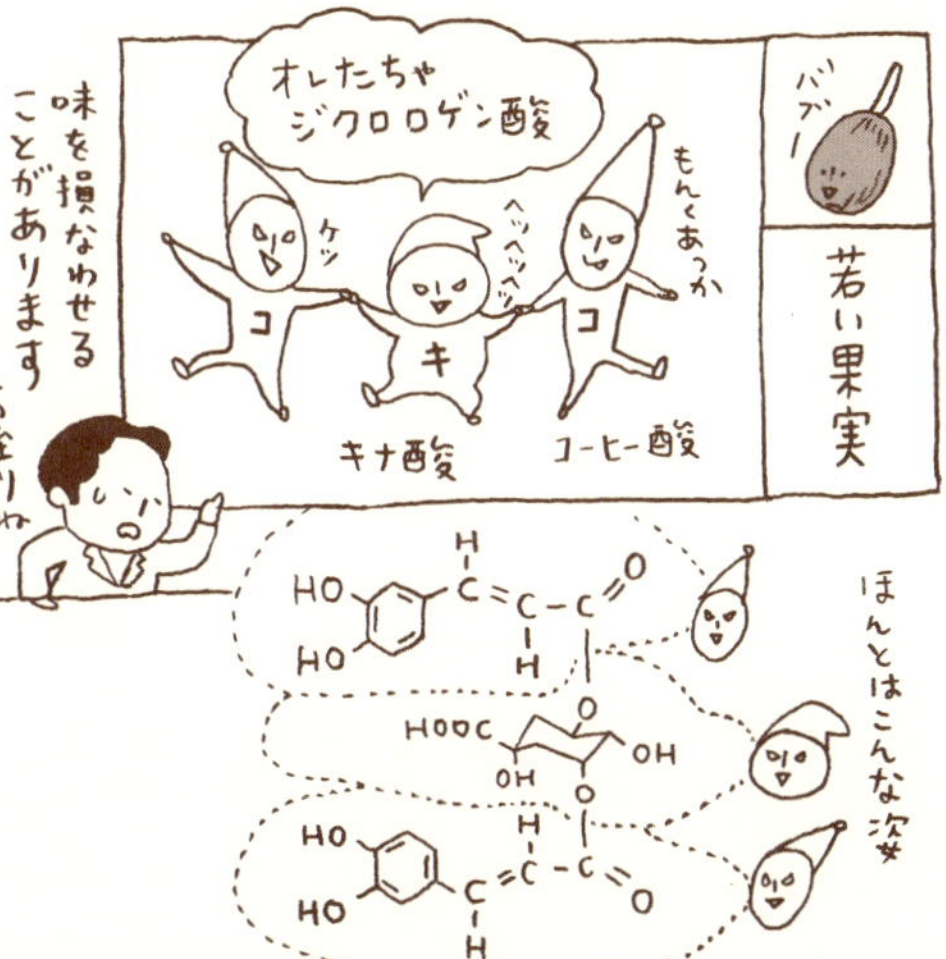

するのです。実際に、同じ木から未成熟果実と完熟果実、その中間のものを別々に収穫して別々に精選してつくった生豆を比較したことがありますが、熟度が上がるにつれてモノクロロゲン酸の比率が大きくなるという明確な数値差が出ました。

　モノクロロゲン酸とジクロロゲン酸の比

率の違いは、しばしば味の違いとなって現れます。ジクロロゲン酸には舌に残るメタリックな渋みがあり、それがコーヒーの味を損なうことがあるのです。種別に見ると、アラビカ種よりもカネフォラ種の方がクロロゲン酸類の含有率が高いのですが、その内訳を見ると、ジクロロゲン酸の多さに起因していることがわかります。

Q17 コーヒーの風味は時間とともに変わりますか？ 風味を保つこつはありますか？

コーヒーの風味は、飲み干すまでの間にもどんどん変わっていきます。これにはいろいろな要因があります。

第一の要因は、味覚の温度特性の問題です。同じものを味わうにしても、温度が違えば酸味、苦味《くみ》、甘味《かんみ》の感じ方が変わってきます。苦味や甘味は冷たいと感じにくくなる傾向があり、酸味は冷たいと感じやすくなる傾向があります。

第二の要因は、成分の変化の問題です。コーヒーには変化しやすい成分がたくさん含まれており、淹れたての温度が高い状態ではこの変化はどんどん進みます。

第三の要因は酸素です。コーヒーの中には酸素も溶け込んでおり、この酸素が変化を促進します。「水筒いっぱいにコーヒーを入れれば酸素と触れないから大丈夫」というような話を聞くこともありますが、これは誤解です。コーヒーの中に溶け込んでいる以上、本質的な解決にはなりません。

では、よい風味を長持ちさせるにはどうすればいいのでしょうか？ 残念ながら、あまりいい答えはありません。コーヒーを急冷した状態で保存して、飲むときに温めればある程度の効果は見込めるのですが、均一に熱を加え、しかも熱を加えすぎないように短時間で温めないと煮詰まったようなにおいが出てしまいます。コンロにかけたり、電子レンジを使ったりすると、部分的に熱くなりすぎる傾向がありますし、湯煎にすると非常に時間がかかります。個人的には、アイスコーヒーとして楽しむか、濃い抽出液を急冷したものを湯で割って飲むか、そのくらいが無難だと考えています。やはり基本的には、コーヒーは淹れたてを飲むべき飲み物だと思います。

一杯のコーヒーの中で起こる変化については、楽しむべきものであってほしいと思います。コーヒーは熱いものという先入観から抜け出せれば、コーヒーはもっといろいろな魅力を私たちに見せてくれます。これもよくいわれることですが、おいしいコーヒーは冷めてもおいしい。私もそう思います。飲んでいく過程で少しずつ温度が下がっていき、それに伴って酸味と苦味のバランスが変わり、粘性が上がるためにとろっとした味わいも生まれてきます。

適した生豆を選び、焙煎、ブレンドにこだわり、挽きたての豆で淹れる。そして、その一杯を時間をかけてゆっくりと楽しむ。これは最高の贅沢ではないでしょうか。

Q18 コーヒー豆は古くなるとどう変わりますか？

焙煎したコーヒー豆には、時間がたつにつれてさまざまな変化が起こります。そして、ある時点からおいしさが感じられにくくなり、やがておいしくないと評価されるに至ります。コーヒーがおいしさを失っていくこの過程を劣化といいます。

劣化を決めるのはつくり手や飲み手の主観です。焙煎後間もないコーヒー豆と一年たったコーヒー豆と、どちらがおいしいでしょう？　両者は明らかに風味が違います。文字だけで判断すると、みなさんは当然前者を選ぶと思いますが、素性を隠して飲み比べてもらうと、必ず後者を選ぶ人がある程度の割合で出てきます。前者を選んだ人にとっては一年でコーヒー豆は劣化していることになりますが、後者を選んだ人にとってはそれはいわば熟成期間です。つくりたてのおいしさが理解されないことは、つくり手にとってはとても残念なことですが、

香りが漂う、
ということは
劣化していっているのです
CO_2
香り
二酸化炭素と一緒に
香りの成分が
出ていっている
焙煎豆

それはまた別の問題です。

　さて、なぜコーヒー豆の風味は変わっていくのでしょうか？　一般には、コーヒー豆に含まれる油脂の酸化が要因だといわれることが多いのですが、これは主な要因ではありません。コーヒー豆の場合、抗酸化成分をたくさん含んでいるせいか、油脂の酸化はとてもゆっくりと進行します。実際には、私たちはそれよりももっと早い時点で風味の変化を感じています。では、何が変わっているのでしょう？　それは香りです。焙煎直後から放出されるガス（二酸化炭素）は香りの成分も一緒に奪っていきます。そしてその後、残った香りの成分の化学変化が始まります。香りの総量が減り、香りの質が変わっていくこの変化の結果が心地よくなくなったときに、私たちは劣化を感じているのです。

Q19 コーヒーをミネラルウォーターで淹れるとおいしくなりますか？

　コーヒーをミネラルウォーターで淹れるとコーヒーの味が変わることがあり、コーヒーの色が黒っぽくなることもあります。これは水のpHの影響です。pH（水素イオン指数）とは、水溶液の酸性またはアルカリ性の強さを表す数値です。水が二十五℃のときは七が中性になり、七より大きくなるにつれてアルカリ性が強くなり、酸を打ち消す力が強くなります。日本の水道水のpHは七程度ですが、ミネラルウォーターのpHは八を超えるものもあります。

　コーヒーはpHが五〜六程度の低酸性飲料ですが、pHが七を超えるアルカリ性の水を使って淹れると、pHが上がり、酸味が弱まります。酸味を打ち消す効果はpHが大きくなるほど強くなります。ミネラルウォーターのラベルを見るとpHの数値が記載されていますので、それを参考にするとよいでしょう。

ただ、だからといってpHの数値の大きな水を使えばコーヒーがおいしくなるわけではありません。普段飲んでいるコーヒーの酸味が強くて気になっている人なら、「pHが七を超えるミネラルウォーターでコーヒーを淹れるとマイルドになっておいしい」と評価しますが、普段飲んでいるコーヒーに満足している人が同じミネラルウォーターを使った場合には、「味がぼやける」と評価します。水の選択は、あくまでも酸味の強さを調整するための手段の一つにすぎません。

私は個人的には、コーヒーはお茶ほどは水を選ばないように感じており、水道水で

十分だと思っています。もし酸味をコントロールしたいのなら、水にお金をかけるよりも、焙煎豆を変えたり、抽出時にコーヒーの濃さを変えたりして対応することをおすすめします。

コーヒーブレイク2

シェードツリーって何ですか？

アラビカ種はあまり日光を必要としない植物で、原産地エチオピアでは高地の日陰に自生しています。この日陰をつくってくれる木をシェードツリーといいます。最近は、コーヒーの栽培地域の環境の重要性が訴えられる機会が増えてきましたので、この言葉を耳にすることも多くなっていると思われます。コーヒーの木とシェードツリーがつくる豊かな森林は、そこで暮らす動物たちにたくさんの恩恵をもたらします。

シェードツリーの役割は、日陰をつくることだけではありません。強い風から弱いコーヒーの木を守ってくれることもあります。霜の害を防ぐ役割もあります。しっかりと張られた根は土の中の養分を逃さないように保持してくれます。最近では、シェードツリーに守られた木のつける実は大きく、熟度のばらつきが少ないこと、さらには年による収穫量のばらつきが少なく、木が長持ちすることも報告されています。

このようにたくさんの利点のあるシェードツリーですが、必要とされない場合もあります。例えば、気象条件（霧など）によってはシェードツリーがなくても日照量を適度に保つことができますし、カビによる病気が蔓延しやすい地域では過湿を避けるためにあえて用いません。また、作業性の高さや収穫量を追求して用いないこともあります。一般に、日照量を多めにするとある程度までは収穫量が上がります。品種によっては強い日差しに強かったり、自分自身の葉で陰をつくったりしますので、そのような品種を選んで肥料をたっぷり与えれば、おいしいコーヒーがたくさんつくれることになります。

シェードツリーは古くからあるコーヒーの品種を昔ながらの方法で栽培する場合によく用いられますので、品質の観点から贔屓目《ひいき》に見られることが多々あります。しかし、これは正しい見方ではないと思います。品質を上げるために大切なのは、それぞれの品種に合った栽培をし、適切な精選を行うことであって、シェードツリーはその中の一要素にすぎません。

3

おいしいコーヒーを淹れるために

——買い方、抽出方法、挽き方、保存方法

Q20 コーヒーは豆で買うのと粉で買うのとどちらがいいですか？

コーヒーを買う場合、豆か粉かの選択肢があります。

現在売られているコーヒーの七割くらいは粉製品でしょう。粉で買う利点は、とにかく簡単、便利なことです。最近急速に普及している簡易抽出タイプのコーヒーは、究極の形かもしれません。カップに引っかけられるフィルターにあらかじめ一杯分の粉が詰められていますので、挽く手間を省けるだけでなく、計量も、抽出器具の準備も、後片付けも不要です。

粉製品はたしかに簡単、便利ではあるのですが、それだけで支持を集めているならとても悲しいことです。粉製品には大きな問題点があります。それは豆に比べて劣化が数倍速いことです。

焙煎豆に含まれていた二酸化炭素は、粉砕時に最大で七〇％程度失われます。残った三〇％程度についても、失われ方は豆に

比べて粉の方が数段速くなります。二酸化炭素はコーヒーを周囲の劣化要因（水分、酸素）から守る役割を果たしていますが、粉にするとその効果は短時間でなくなってしまうのです。また二酸化炭素は、失われていく際にコーヒーの香りの成分も一緒に奪っていきますので、粉にすると香りも少なくなってしまいます。

店頭で豆を挽いてもらい、それを数日間で使い切ってしまうのなら、あまり影響は出ないかもしれません。でも、もしそうでないのなら、挽きたての粉とかなり時間のたった粉をぜひ一度飲み比べてください。利便性の代わりに失うものの大きさにきっと気づくはずです。

実際には、粉製品の簡単さや便利さが支持されているとは限らないのかもしれません。一般消費者を対象としたコーヒー講座でアンケートをとると、「コーヒーを豆で買えることを知らなかった」という回答がかなり頻繁に見受けられます。それだけ豆製品を見かけないということなのでしょう。

Q21 コーヒー購入時の店選びのポイントを教えてください。

コーヒーの風味のほとんどは、生豆を選び、焙煎して、ブレンドするところまででほぼ決まってしまいます。ですから一般消費者にとって店選び、商品選びは、おいしいコーヒーを飲むためのとても重要な要素です。

スーパーなどで大手ロースター（焙煎業者）の商品を選ぶ場合には、各社それぞれに味づくりには特徴がありますので、一度同じくらいの価格帯の商品を飲み比べてみるとよいと思います。大手ロースターは厳しい品質管理体制のもと、通年で安定した商品を供給できる強みがあります。コーヒーに風味の安定を求めたり、いつでもどこでも買えることを求めたりする人にはおすすめです。

購入先として挽き売り店を選ぶ場合には、まずは一度行って、買って、飲んでみることをおすすめします。店に行ってショーケースを眺めれば、どのくらいの焙煎度のコーヒーを揃えていて、どのくらいの価格なのかがわかります。店によってはコーヒー教室を行っているところもありますから、これからコーヒーを勉強しようとしている人にはそれも重要な要素になるでしょう。コーヒーに本格的に取り組みたい人にも、挽き売り店に足を運ぶことをおすすめします。コーヒーにこだわりを持つ先輩たちから学べることはたくさんあります。私もい

ろいろな店の先輩方からたくさんのことを学びました。

最近では、インターネットなどの通信販売を利用する人も多いと思います。全国の有名店のコーヒーがクリック一つで簡単に買える便利さは大きな魅力です。しかし、有名店のコーヒーが必ずしも自分に合っているとは限りません。現物を見ないで買う分、届いてがっかりする確率はちょっと高めかもしれません。

いずれの業態でも、最近はこだわりを語ることが当たり前になってきました。買う側には、そのこだわりに実態が伴っているかを判断する力が求められると思います。能書きやブランドやネーミングに惑わされずに、自分にとっておいしく淹れやすいコーヒーを探していただきたいと思います。

Q22 コーヒーを淹れる器具にはどんなものがありますか？

コーヒーを淹れる器具にはさまざまなものがあります。この項よりコーヒーの淹れ方について深く掘り下げていきますが、はじめに器具の使い方や難易度を簡単にまとめておきましょう。

ドリップ（ペーパードリップ、ネルドリップ）

ドリップとは、フィルターに挽いた粉を入れて上から湯を注ぐ方法です。コーヒーの成分が溶け出した湯はフィルターを通って濾過されていきます。

ドリップの代表格であるペーパードリップは、家庭で一番普及しているコーヒーの淹れ方ではないでしょうか。穴のあいた容器（ドリッパー）にペーパーをセットして使いますが、使用後はペーパーごと抽出かすを捨てられるため、後片付けが簡単です。この方法は一九〇八年にドイツのメリタ・ベンツ夫人が発明し、手軽においしいコーヒーが淹れられる方法として世界中に広まりました。ただ、ポピュラーな割に意外にも複雑で難しく、安定したおいしさのコーヒーを淹れるには慣れが必要です。

ペーパードリップがフィルターとして紙を用いるのに対し、フィルターとしてネルを使うネルドリップは、淹れ方もメンテナンスも難易度が上がりますが、専門店やこだわりの強い愛好家に人気があります。

コーヒーメーカー　コーヒーメーカーの普及はペーパードリップをさらに身近にしました。淹れる作業を機械がやってくれるので、ペーパードリップよりもさらに手軽です。ただし機械によっては味が安定しないことがありますし、手で淹れるような細やかな加減ができない分、原料を選びます。

フレンチプレス（コーヒープレス）　フレンチプレスは、円筒状の容器と、粉を分離するための金属フィルター（軸付き）から構成されている器具です。容器の中に挽いた粉を入れ、湯を注ぎ、一定時間たったところで金属フィルターを押し込み、粉を容器の

底部に分離させるとともに漉します。器具の洗浄に少し手間はかかりますが、シンプルで難易度の低い方法です。

サイフォン　サイフォンは形状が特徴的です。球形の容器に水を入れ、下から加熱して沸かし、そこにコーヒーの粉を入れたロートを差し込みます。すると沸騰した湯が上がってきて抽出が始まります。一定時間たったところで加熱を止めると一瞬で濾過されてコーヒーと粉が分離されます。メンテナンスに手間はかかりますが、シンプルで難易度の低い方法です。ただし、コーヒーメーカーと同様に原料を選ぶ傾向があります。

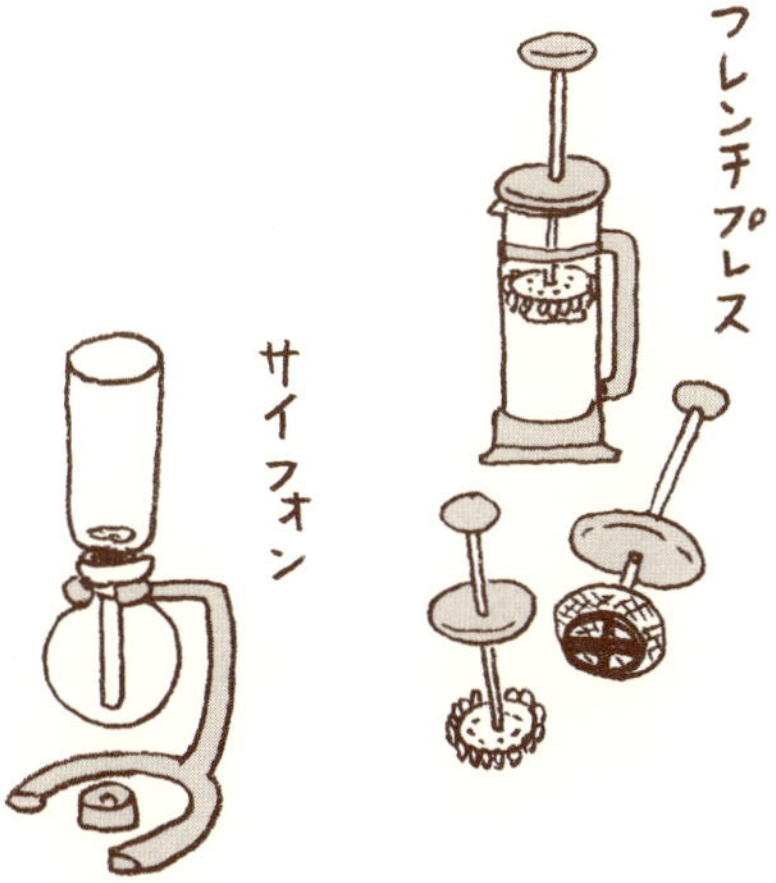

エスプレッソ　外資系コーヒーチェーン店の進出で一気にポピュラーになったエスプレッソは、容器に細かく挽いた粉を押し詰めて、高温の湯に高圧をかけて短時間で濃いコーヒーを淹れる方法です。高温・高圧というところがポイントで、その条件を満たすために機械にお金をかけなければなりません。モカポットと呼ばれる器具が家庭用エスプレッソ抽出器具として販売されていますが、実はこれで淹れられるものは、抽出原理の観点からいえばエスプレッソではありません。

Q23 コーヒーの成分はどんなふうにして抽出されますか？ 抽出の原理を教えてください。

挽いた粉に湯を注ぐとコーヒーに含まれる成分が湯に移っていきます。このようにして成分を取り出す工程を抽出といいます。コーヒーは世界中で長年飲み続けられている飲み物ですから、Q22に紹介したようにドリップ、フレンチプレス、サイフォン、エスプレッソなどいろいろな抽出方法があります。これらは方法はそれぞれ若干違っていますが、実はエスプレッソ以外は同じ抽出原理が働いています。

コーヒーの抽出は、二つの過程から成り立っていると考えられています。

第一の過程は、粉の表面と湯の間で起こるコーヒーの成分の移動です。この移動の速さは成分の濃度差に応じて異なります。粉の表面のコーヒーの成分が濃いほど、あるいは湯に含まれるコーヒーの成分の濃度が薄いほど、速く移動します。ですから、粉の表面にコーヒーの成分がたくさんあって、湯にコーヒーの成分が溶けていない抽出開始直後は速く移動が起こり、時間がたつにつれて徐々に遅くなっていくことになります。これはコーヒーを一分間で淹れる場合と二分間で淹れる場合の一分の差は、四分間で淹れる場合と五分間で淹れる場合の一分の差よりも大きくなることを意味します。

第二の過程は、粉の中心部から粉の表面へのコーヒーの成分の移動です。第一過程で粉の表面の成分が溶け出して、表面の成分濃度が薄くなることによってこの第二の移動が起こります。この第二過程の成分移動は、第一過程に比べてゆっくりと進行する点が特徴的です。コーヒーの味が原料や淹れ方によって変わってくるのは、この第二過程の影響が大きいのです。

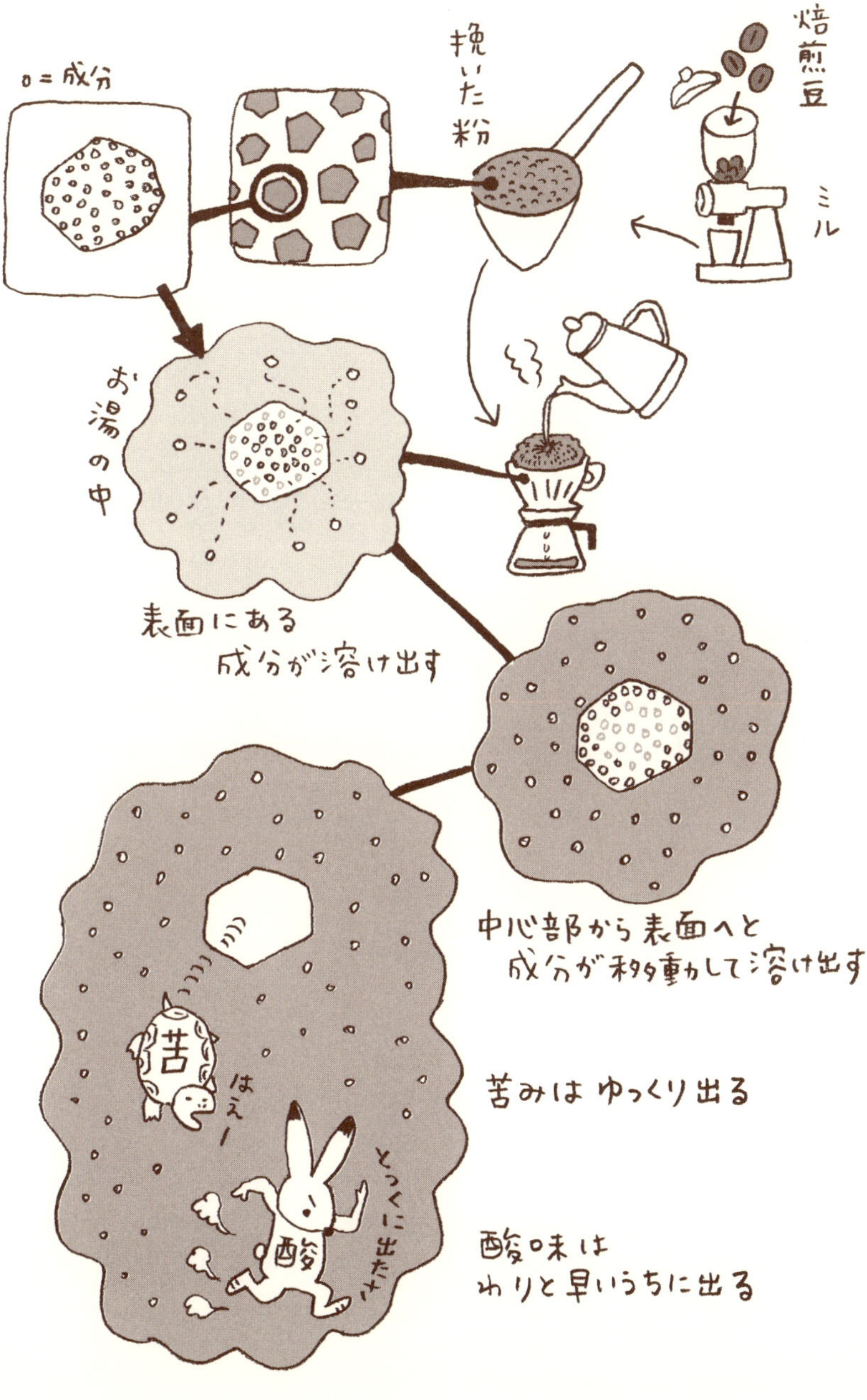
焙煎豆
ミル
挽いた粉
○＝成分
お湯の中
表面にある
成分が溶け出す
中心部から表面へと
成分が移動して溶け出す
苦
はえー
苦みは ゆっくり出る
酸
とっくに出た
酸味は
わりと早いうちに出る

Q24 コーヒーは淹れ方で味が変わりますか？

コーヒーを淹れる作業はおおざっぱに言うと、焙煎豆に含まれるさまざまな成分の抽出量をコントロールして味の総量とバランスをつくっていく作業です。

酸味成分と苦み成分の総量は原料で決まってしまいますから、やはり原料が大切です。どのような生豆が使われ、焙煎時に豆の温度がどのように上がっていったか、どのような焙煎度に仕上げられたか、そうして焙煎された豆がどのようにブレンドされたのか——こうしたことがコーヒーの味の大半を決めるといっても過言ではないと思います。

でも、同じ原料を使えばいつでもコーヒーの味が同じになるとは限りません。コーヒーは淹れ方で味が変わります。それは酸味成分、苦み成分の総量が原料で決まっていても、それぞれをどの程度抽出するかを変えることができるからです。

コーヒーの味を変える抽出時の要素は、❶湯の温度（粉と接している湯の温度）、❷抽出時間（湯と粉が接している時間）、❸粉の大きさ、この三つです。

❶湯の温度で味が変わる

湯の温度といった場合、注ぐ湯の温度を気にしがちですが、実際に問題になってくるのはそれが粉に接しているときの温度です。言い換えれば、湯を注がれたときの粉の温度です。

湯の温度を高くすると、それぞれの成分の足が速くなります。酸味成分はもともと足が速いので、さらに速くなっても一定時間内に粉の中心部から表面にたどり着く量はあまり変わりませんが、苦み成分は足が遅いので、湯の温度が高くなることによって表面にたどり着ける量はぐんと増えます。つまり湯の温度が高くなると、味の総量が

湯の温度
どの成分もたくさん出るのは
高
低
こっち
酸
どっち?
苦

増え、苦み成分の比率が大きくなるのです。逆に湯の温度を下げると、味の総量が減り、苦み成分の比率が小さくなります。

❷抽出時間で味が変わる

抽出時間を長くすると、酸味成分はもともと足が速いので、例えば三分後と五分後

1分で出ちゃうよーッ
酸味
酸
抽出
3分でも出られないの〜〜
5分ならなんとか
ひー
苦み
苦
抽出

ではたどり着く量に大差はありません（三分間でほぼ全量たどり着くからです）。一方の苦み成分は足が遅いので、移動に許される時間が三分間と五分間とでは大違いということになります。つまり時間が長くなるにつれて味の総量が増え、苦み成分の比率が大きくなることになります。

❸粉の大きさで味が変わる

粉の大きさについては、細かく挽くことは成分にとってゴールが近くなることを意味しています。足の速い酸味成分は、ゴールが近かろうとちょっと遠かろうとあまり関係ないのですが、足の遅い苦み成分にとってはこれは大問題です。粉の大きさが細かくなるにつれて味の総量が増え、苦みの比率が大きくなることになります。

では、味の総量はどのくらいがいいのでしょう？　酸味と苦みの比率はどのくらいがいいのでしょうか？　これは好みの問題です。自分のためのコーヒーであれば、自

粉の大きさ
どの成分も
たくさん出るのは
大
小
こっち
こっち
酸
苦

分のベストポイントを見つけることが課題になります。誰かのためのコーヒーであれば、飲み手の好みに合うように原料を選び、湯の温度、抽出にかける時間、粉の大きさを変えることでベストポイントに合わせる技術が必要となります。

Q25 ペーパードリップの淹れ方の注意点を教えてください。

ペーパードリップは、穴のあいた容器（ドリッパー）にペーパーをセットし、挽いた粉を入れて上から湯を注ぐ方法です。コーヒーの成分を溶かし出した湯はペーパーで濾過され、ドリッパーの穴から落ちていきます。使用後はペーパーごと抽出かすを捨てられるため、後片付けが簡単です。

　この方法はポピュラーな割に、意外にも複雑で難しく、安定したおいしさのコーヒーを淹れるには慣れが必要です。

　ペーパードリップを難しくしている要因の一つは、抽出と濾過が同時に進むために、コーヒーの味を変える要素の一つである抽出時間（Q24に詳述）が決められないことです。フレンチプレスやサイフォンと違って、ペーパードリップの場合は注いだ湯がどんどん濾過されていきます。ですから、例えば注ぎ始めから注ぎ終わりまでが三分間であっても、湯を何回に分けて注いだかで正味の抽出時間が変わってきてしまいます。

　二つめの要因は、粉の量や粉の大きさによって抽出時間が変わってしまうことです。例えば杯数を増やすとき、フレンチプレスやサイフォンでは使う粉の量と使う湯の量をそれぞれ二倍、三倍と変えていくだけで同じ味のコーヒーを淹れられます。ペーパードリップの場合はこれができません。なぜなら粉の量が増えると、同じように湯を注いだときに抽出時間が長くなってしまうからです。ですから杯数を増やす場合には、粉の比率を少しずつ減らしたり、粉の大きさを粗めに変えたりすることが必要になります。また、粉の量が同じでも、味を調整するために粉の大きさを変えると、それだけで抽出時間が変わってしまいますので、粉の大きさは変えずにまずは湯の温度で調整した方がいいでしょう。

　三つめの要因は、使用するドリッパーによって抽出時間が変わってしまうことです。ドリッパーのタイプによって濾過速度が違いますから、タイプの選択も味づくりの要素になってきます。これは次項で詳しく説明します。

Q26 ドリッパーにはどんなタイプがありますか? それぞれの特徴を教えてください。

ペーパードリップのドリッパーにはいくつかのタイプがあります。穴が一個のもの、三個のもの、穴のサイズが大きいものなどがあり、同じように湯を注いでも濾過速度が変わります。

濾過が速ければ注いだ湯はすぐに落ちていきますので、抽出時間は短くなります。逆に、濾過が遅ければ注いだ湯はドリッパーの中に長く滞留しますので、抽出時間は長くなります(濾過が遅く、ドリッパー内に湯が溜まることを「湯溜まりができる」といいます)。この抽出時間の差が、味の違いとなって現れます。

濾過速度はドリッパーの穴の面積で変わり、面積が小さいもの(小さな穴の一穴タイプ)ほど濾過は遅くなります。このタイプのドリッパーでは、注いだ湯はドリッパーの中で湯溜まりになって、そこから一定の速さで濾過されていき、抽出が湯溜まりの中で起こるために湯の注ぎ方の違いが出にくく、比較的安定したコーヒーが淹れられます。

一方、穴の面積が大きくなってくる(三穴や大きな穴の一穴)と濾過が速くなり、湯の注ぎ方の影響が大きくなってきます。このタイプのドリッパーで湯溜まりができない注ぎ方をした場合には、湯は注いだ場所を中心に抽出しながら濾過されていきます。たくさん注いだ場所は抽出されやすく、少ししか注がなかった場所はあまり抽出されません。つまり、成分の抽出ムラができるのです。よく「ドリッパーの縁の近くにあまり湯を注いではいけない」といわれますが、たしかにその通りで、粉の層の厚い中央部と粉の層の薄い周辺部とに同じように湯を注ぐと、周辺部は抽出されすぎることになってしまいます。

ドリッパーを選ぶときは、材質にも注意が必要です。陶器製のドリッパーの場合、一個一個形が微妙に違います。ドリッパー内部に刻んである溝が浅くつぶれているものは湯が落ちにくいことがありますので、購入の際は確認した方がいいでしょう。

また、ドリッパーとセットで使うペーパーにも注意が必要です。ペーパーには、に

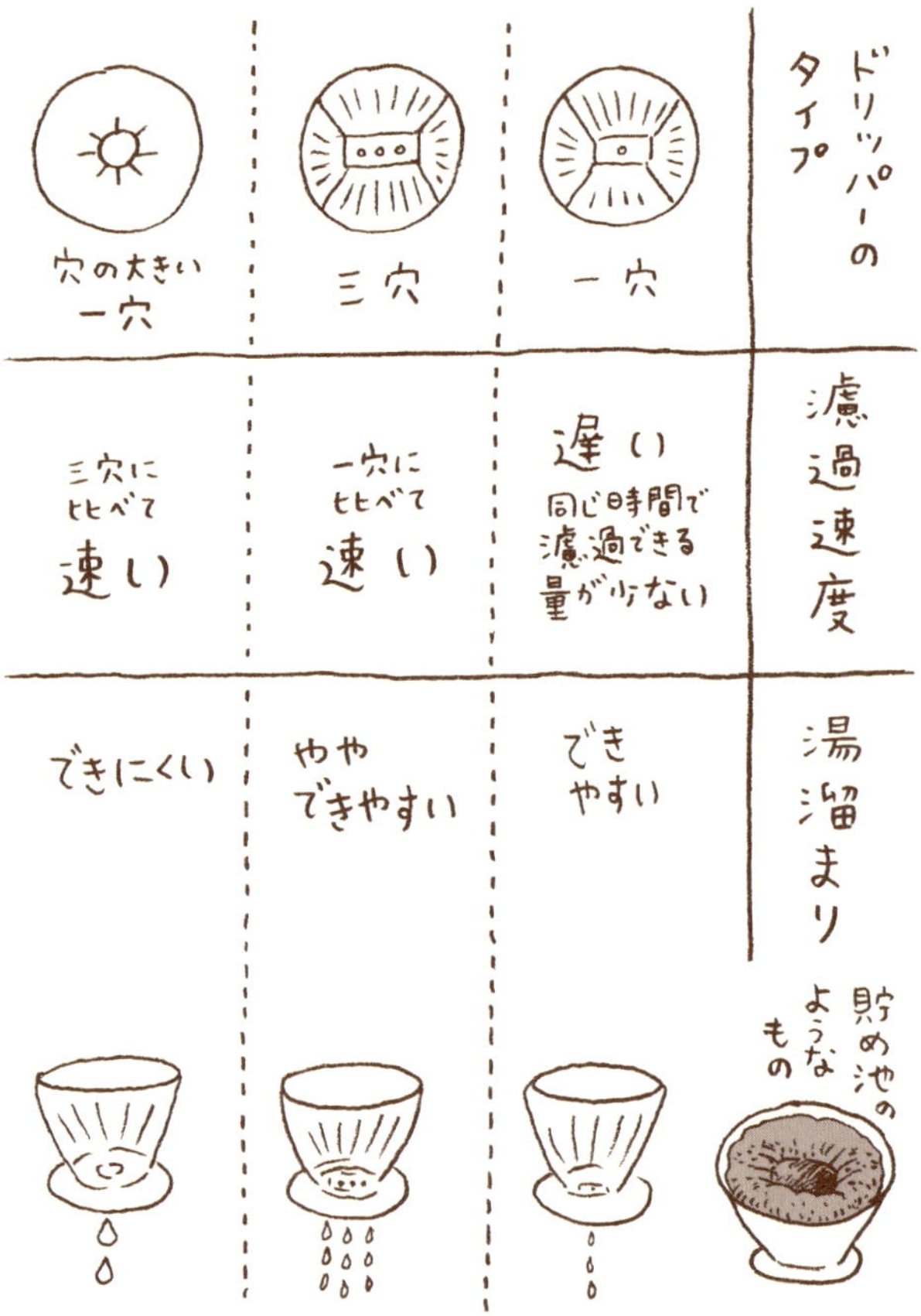

ドリッパーのタイプ
一穴
三穴
穴の大きい一穴
濾過速度
遅い
同じ時間で濾過できる量が少ない
一穴に比べて速い
三穴に比べて速い
湯溜まり
できやすい
ややできやすい
できにくい
貯め池のようなもの

おいの強いものがあり、そのにおいがコーヒーの香りを邪魔することがあります。ペーパーも選ぶ前にテストすることをおすすめします。ペーパーをコップなどに入れて直接湯をかけ、においを嗅いでみればすぐにわかります。

Q27 ドリップ用ポットはどんな形のものがよいですか？ なぜ「の」の字に注ぐのですか？

ドリップ専用のポット（ドリップポット）は市販されており、それを使うとどこにどの程度の湯を注ぐかをコントロールしやすくなります。

ドリップで湯溜まりができるような湯の注ぎ方をする場合には、ドリップポットを使う必要はなく、やかんでも、他の器具でもかまいませんが、湯溜まりができないような注ぎ方をする場合には、ポットが重要な役割を果たします。なぜなら湯を注いだところを中心に抽出が進んでいくため、湯の注ぎ方のコントロール次第で成分の抽出量が変わってくるからです。

よく「湯は〝の〟の字を描くように注ぐ」といわれます。なぜそういわれるようになったかはわかりませんが、同じところに湯を注ぎすぎてはいけないということを意味しているのだと思います。抽出時のコーヒーの成分の移動は、粉の中心部から粉の表面へとゆっくりと起こりますので、同じところに連続的に湯を注ぎすぎてしまうと粉の表面に抽出すべき成分がない状態で次の湯が粉の表面を洗い流すことになり、淹れたコーヒーは薄くなってしまいます。湯溜まりができない淹れ方をする場合には、この「同じところに湯を注ぎすぎない」注ぎ方がとりわけ重要性を増します。ただし、湯溜まりができるような湯の注ぎ方をする場合には、同じところに湯を注ぎすぎさえしなければ、「の」の字にこだわる必要はありません。

　私はこれまでたくさんのドリップポットを使ってきましたが、どのポットでも同じように湯をコントロールできるわけではあ

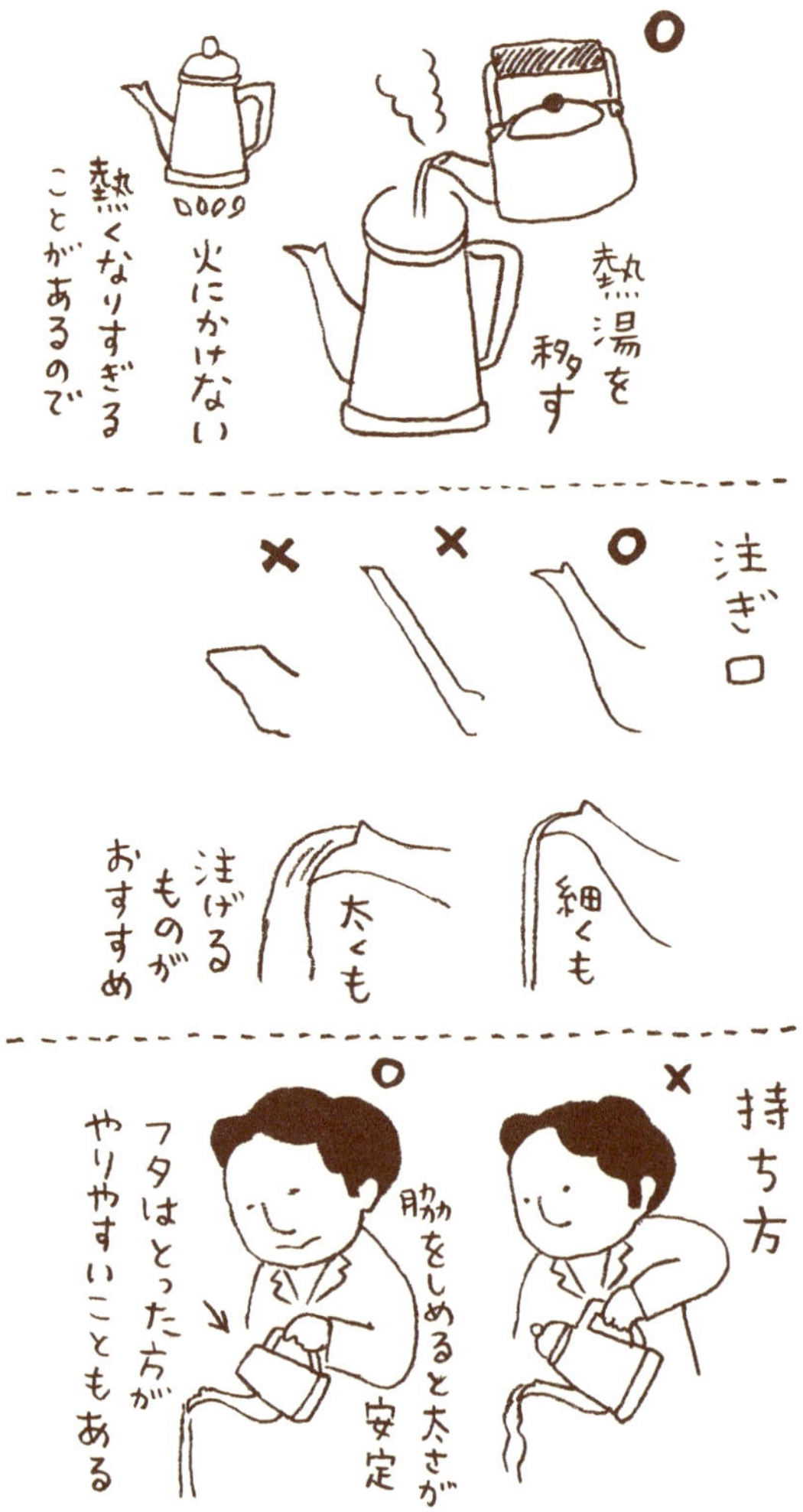
熱湯を移す
火にかけない
熱くなりすぎることがあるので
注ぎ口
細くも
太くも
注げるものがおすすめ
持ち方
脇をしめると太さが安定
フタはとった方がやりやすいこともある

りませんでした。ですから、買う前にできれば試しに使ってみた方がいいでしょう。使い勝手は容量や形状によってずいぶんと違います。注ぎ口の先の部分が細くなっている方が湯は細く出ますが、注ぎ口の根元から細いものでは湯の勢いがつきすぎてしまったり、湯を太くできないために大きなドリッパーで大量に抽出するのに適さなかったりします。根元が太くて、先が細くなっているものが使いやすいように思います。

また、形式にこだわらなければ、お茶を淹れるのに使う急須で代用することも可能です。

Q28

コーヒーの粉に湯を注ぐとなぜ膨らむんですか？膨らまないものは古いのでしょうか？

コーヒーの粉に湯を注ぐと、ぷくぷくと泡が出て、全体がふっくらと膨らみますが、泡の出方やふっくら度はさまざまです。

そもそもこの泡の正体は何でしょうか？泡の中身は焙煎豆の中に閉じ込められていた二酸化炭素で、泡の膜を構成しているのはタンパク質や多糖類などでしょう（エスプレッソの表面を覆う泡の成分も同じです）。ドリップ時に生じるこの泡を〝アク〟と表現することもありますが、個人的には言い過ぎだと考えています。なぜなら、この泡をすくい取ってコーヒーに混ぜても、味の違いが認識されないからです。

粉に湯を注いだときに生じる泡は、きめの細かい泡が出ることもあれば、大きな泡がぼこぼこと出ることもあります。さらには、ほとんど泡が出ないこともあります。これは二酸化炭素の出方の違いです。

焙煎直後の豆は大量に二酸化炭素を含んでいるため、それを挽いてすぐに使うと、湯を注いだときに大きな泡が出がちです。これ自体は悪いことではないと思いますが、二酸化炭素は湯と粉の接触を妨げ、抽出の邪魔をします。いつもと同じように淹れたはずが、いつもよりも薄めのコーヒーになることがありますので気をつけましょう。「コーヒー豆は焙煎後一晩おいて味を落ち着かせてから使いましょう」とよくいわれますが、これはこのことを指しているのだと思います。

泡の出方が悪かったり、ふっくら度が低かったりするのは、二酸化炭素が少ないときに起こります。「膨らまないコーヒーは鮮度が悪い」といわれることもあるようです。たしかに焙煎後時間がたったコーヒーには二酸化炭素が少ないので、まちがいではないのですが、そうではないケースもあります。包装時に炭酸ガスを吸収するタイプの脱酸素剤を封入する場合、また粗挽きにした粉にゆっくりと湯を注ぐ場合や湯の温度が低い場合などがそれに該当します。

Q29 ペーパードリップで常に安定した味のコーヒーを淹れるこつを教えてください。

同じ粉を使っても味がばらつく場合、原因として考えられるのは湯の温度、抽出時間（湯と粉の接触時間）のばらつきです。

湯の温度を制御するために温度計を使うことがありますが、市販の棒温度計の精度は低く、五℃くらい違っていることもありますので、複数の温度計を使っている場合や温度計を取り替える場合には注意が必要です。また、本来考慮すべきは注ぐ湯の温度ではなく、粉と接している湯の温度です。これは注ぎ方、粉の量、粉の温度などの影響も受けますので、これらを安定させなければ効果は半減してしまいます。

抽出時間を安定させるためには、湯の注ぎ方を安定させる必要があります。ドリッパー内の粉の状態や湯量の変化でタイミングをとるとやりやすいと思います。よくいわれるアドバイスとして、「粉が十分に膨らむまで湯を注ぐ」、「注いだ湯が落ちきらないうちに次の湯を注ぐ」、「最後は湯が落ちきらないうちにドリッパーを外す」などがあります。また、ドリップポットを使う場合には、こまめにポットに湯を足し、ポット内の湯量を注ぎやすい量に一定に保つと注ぎ方をコントロールしやすくなります。重めのポットの場合には、ポットを体に引き寄せて、上半身全体を使ってポットを扱うとよいでしょう。

また、淹れる杯数が変わると抽出時間が変わってしまいがちです。杯数が多くなると抽出時間が長くなるので、それを考慮して一杯あたりの粉の量を減らしたり、粉の大きさを粗めにしたり、濾過の速い（穴の面積の大きい）ドリッパーに替えたりするとよいでしょう。逆に、杯数を少なくする場合には、粉の比率を増やしたり、粉の大きさを細かくしたり、濾過の遅い（穴の面積の小さい）ドリッパーを使ったりすると安定させやすくなります。ちょっともったいないですが、ペーパーを二枚重ねにするという方法もあり、重ねることで濾過が遅くなります。ただし、粉を細かくすることには注意が必要です。細かくするだけで成分が抽出されやすくなりますが、ペーパードリップの場合はそれによって抽出時間が長くなり、さらに成分が抽出されやすくなるからです。これはあまり抽出したくない重い苦み成分が出すぎることにつながります。

個人的には、ペーパードリップの場合は粗挽きにした粉をたっぷり使って短時間で淹れることが簡単においしさをつくる秘訣だと考えています。粗挽きの粉で短時間で淹れると、重い苦み成分が少なくなるからです。それだけではコーヒーが薄くなってしまうので、粉をたっぷり使うことで補います。慣れるまでは濃さを安定させるのはたいへんですから、ばらつきをなくすために少し濃いめに淹れることをおすすめします。淹れたものを少し飲んでみて、湯を必要量足して微調整すれば安定度は上がります。

Q30 ネルドリップの特徴と淹れ方のこつを教えてください。

ネルドリップはペーパードリップが普及する前に一般的に行われていた方法で、ペーパーとドリッパーの代わりにネル（片側が起毛した布）を使用します。抽出の原理はペーパードリップと同じですが、ペーパーよりも濾過が速いという特徴があります。そのため一度に大量に淹れる場合に、抽出に時間がかかりすぎるようなことが起こりにくく、大量抽出に向いています。また、少量淹れる場合には、湯の注ぎ方によって味の違いが出やすいために、抽出の職人技を見せやすい方法です。

ネルはペーパーフィルターほど目が細かくないので、ペーパードリップよりもいろいろな成分が抽出されやすくなります。例えば、脂質はペーパードリップの場合はペーパーに遮られるのでカップに出ることはありませんが、ネルドリップで淹れたコーヒーには脂質が含まれます。ネルドリップのコーヒーの魅力は、ペーパードリップとは違う独特のこってり感にあるといっていいでしょう。

一昔前の本を開くとさまざまなネルドリップ論が展開されています。ネルの起毛した側を内側にするとか、外側にするとか、生地の裁断はどのようにするのがよいとか、どのように縫うべきか、とか。私もいろいろ試しましたが、非常にマニアックでおもしろい世界です。これもまたネルドリップの魅力の一つだと思います。

ネルドリップではネルのメンテナンスが重要です。おろしたてのネルは糊を落とすために一度煮沸する必要があります。また、使用後はネルからコーヒーの抽出かすを取り除き、洗剤を使わずに水洗いした後、乾燥させないように保存しなければなりません（ぬれたままビニール袋に入れたり、水に浸しておいたりします）。私も失敗したことがありますが、乾燥させてしまうと布に残ったコーヒーの成分が変質して、使い物にならなくなるくらいに臭くなってしまいます。

ネルは使いこんでいくとだんだんと目詰まりしてきて、濾過が遅くなっていきますので、普段からコーヒーの落ち方には注意しておくとよいでしょう。遅くなったら粉を粗く挽くか、粉を減らすかして調整するとよいでしょう。

コーヒーの味が重くなってきたら、それ

はネルの交換のサインです。なお、起毛を内側にすると目詰まりが起こりやすい傾向があるようです。ですから私は起毛を外側にして使っています。

ネル
★使用後は水洗いのみにし、水につけておくか、密閉できるビニール袋へ。乾かすべからず。
2人分など小さいネル
4枚はぎなどいろいろある
20人分くらいはいける大きいネル
A
少量のときはAの部分を長くとって調整
新品のネルは…
煮沸してのりをとる
水にさらして熱をとり、
しぼる
抽出液にのりが混ざりません
お湯は多めにまんなかに
ネルのふちは粉の量がそんなにないため
粗挽きの粉をたっぷり使って、短時間で淹れるのがコツ♡

Q31 フレンチプレスの抽出の仕組みと淹れ方のこつを教えてください。

フレンチプレス（コーヒープレス）は、円筒状の容器と、粉を分離するための金属フィルター（軸付き）から構成されています。容器の中に挽いた粉を入れ、湯を注ぎ、一定時間たったところで金属フィルターを押し込み、粉を容器の底部に分離させるとともに濾します。器具の洗浄に少し手間はかかりますが、シンプルで難易度の低い方法です。

　フレンチプレスは浸漬《しんし》法の代表的な抽出器具です。浸漬法の特徴は、湯と粉の接触時間を決めやすく、変えやすいことです。つまり、コーヒーの味を制御しやすいのです。ですから、これから自分の味づくりに取り組みたい人におすすめの淹れ方です。

　浸漬法での抽出は、フレンチプレスがなくても簡単にできます。例えばマグカップなどに計量した粉を入れて、そこに湯を注ぎます。ひと混ぜして、時間がきたらペー

パードリップ用のドリッパーとペーパーなどを使って濾過すればできあがりです（もちろん濾過しなくてもいいのですが、その場合は粉のざらつきが残りますし、時間がたつにつれてコーヒーが濃くなっていきます）。このときに粉の挽き具合、粉の使用量（メジャースプーン何杯分か）、湯の温度（やかんで沸騰させて火を止めて何分後に注ぐか）、湯の量（いつも同じマグカップを使い、どこまで注ぐか決めておく）、湯を注いでから濾過するまでの時間を決めておけば、いつも簡単に同じ味をつくれます。

また、味を変えたい場合も調節は簡単で、味を軽くしたい場合には、粉を減らす、粗挽きにする、沸騰後火を止めてから湯を注ぐまでの時間を長くする（湯温を下げる）、湯を注いでから濾過するまでの時間を短くする、のいずれかを選びます。逆に味を強くしたい場合には、粉を増やす、粉を細かくする、湯の温度を上げる、時間を長くする、のいずれかを選ぶことになります。

Q32 サイフォンの抽出の仕組みと淹れ方のこつを教えてください。

サイフォンでは、フラスコ内の気体の加熱膨張によって押し上げられた湯がロート内の粉に触れることによって成分の抽出が始まります。終わらせるときには火を止めます。火を止めると、膨張した水蒸気が収縮するためにロート内のコーヒーがフラスコに引っ張り込まれます。抽出かすはロートの底にセットされたフィルターによってせき止められます。

サイフォンは味の安定度の高い方法です。粉の大きさと粉の量を一定にしておけば、湯の量と抽出時間（粉と湯が接触している時間）

に気をつけるだけで十分です。使用する湯の量はフラスコの水位で決められますし、抽出時間の調整も火を止めるタイミングだけの問題ですから簡単です。気をつけるべき点が少ない分、よりシンプルで味を安定させやすい方法ですが、原料を選ぶ抽出方法ともいえます。

サイフォンは加熱して水蒸気を膨張させ、

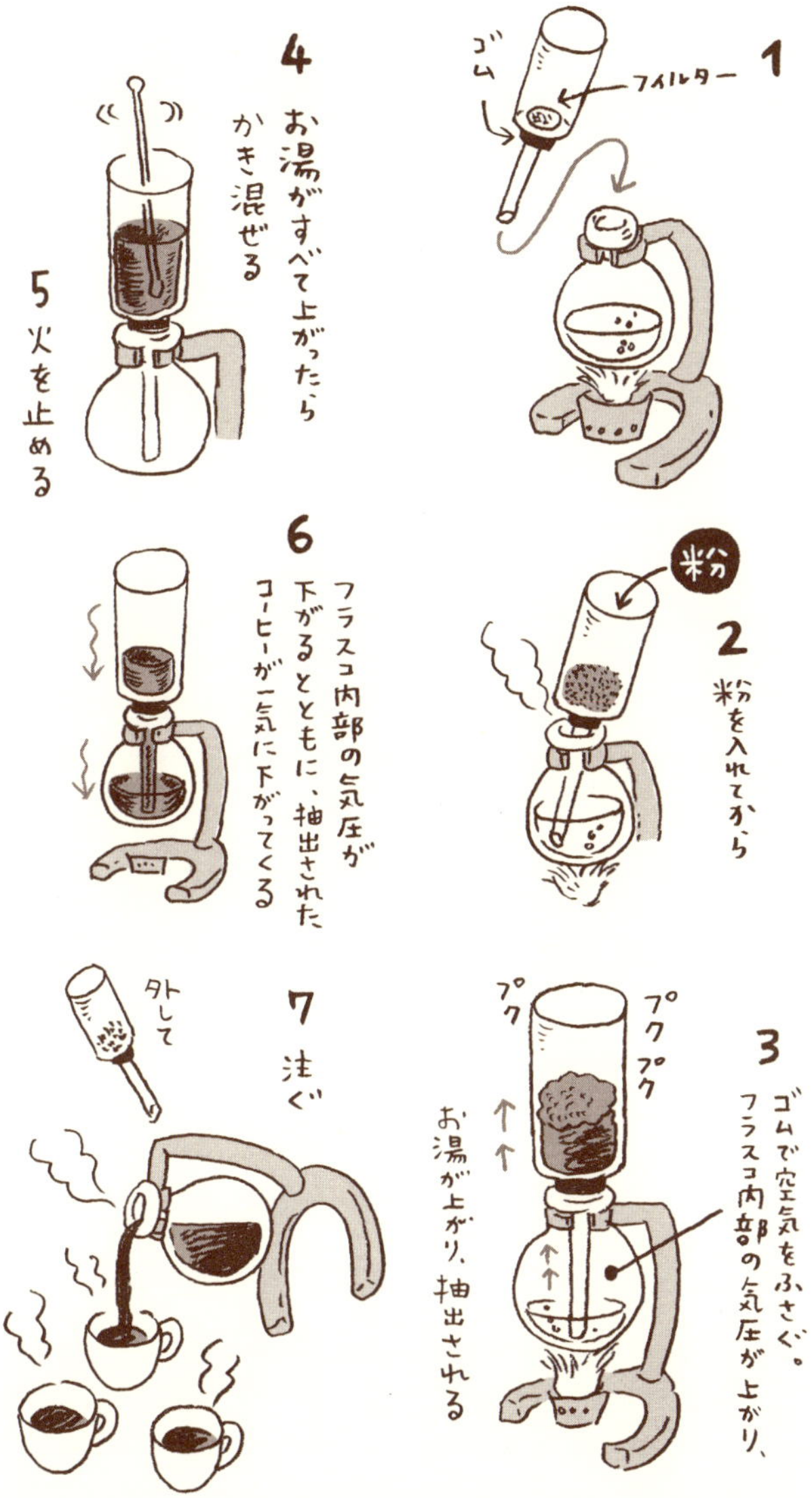
1
ゴム
フィルター
2
粉
粉を入れてから
3
ゴムで空気をふさぐ。フラスコ内部の気圧が上がり、
プクプク
プク
お湯が上がり、抽出される
4
お湯がすべて上がったらかき混ぜる
5
火を止める
6
フラスコ内部の気圧が下がるとともに、抽出されたコーヒーが一気に下がってくる
7
注ぐ
外して

湯を押し上げて抽出するので、湯の温度はおのずと常に高温になります。湯の温度が高いと苦みが出やすくなりますので、苦みのきいた熱々のコーヒーになりがちです。粉の大きさ、粉の量、抽出時間などを変えてもうまく抽出できない原料を選んでしまうと、どうがんばってもおいしいコーヒーは淹れられないということになります。

サイフォンには他の抽出器具にはない魅力があります。それは視覚的な効果です。器具の形もユニークですが、火を止めた後コーヒーが一瞬で濾過されていく様子は何度見ても飽きません。最近では熱源としてハロゲンランプが使われることも増えており、光による演出効果は抜群です。これもコーヒーのおいしさの一つだと思います。

Q 33

コーヒーメーカーの使い方のこつを教えてください。

家庭でコーヒーを淹れる場合、コーヒーメーカーを使用することが多いと思います。値段も高くありませんし、簡単に使えるので便利です。抽出の原理はドリップなど（Q23）と同じです。

私はこれまでにいろいろな機種を使い比べてきました。機械がすることではあるのですが、機種によっては湯の粉へのかかり方が安定せず、できたコーヒーの濃さは淹れるたびに注意していれば気づくくらいにばらつきます。ですから、できれば購入前に試しに使ってみる方がいいでしょう。それができない場合は、インターネット等で情報を集めるという手もあります。

コーヒーメーカーは抽出時の湯の温度が高めになる傾向があります。湯の温度や注ぎ方を制御することはできませんから、味の調整は原料と使用する粉の量や挽き具合で行うことになります。味が重いと感じられる場合には、少し煎りの浅いものに替えてみたり、粗挽きにしてみたりするといいと思います。

　コーヒーメーカーを使う場合には、その保温機能を使うことも多いと思いますが、コーヒーをおいしく飲むことを目的とするならば、保温機能は使わないことをおすすめします。コーヒーには変化しやすい味や香りの成分がたくさん含まれていますが、それらの変化は温度を高く保つことで促進されます。十分間も保温すれば、酸味や苦みの変化、香りの質の変化が起こったことに気づくはずです。最近は加温ではなく、魔法瓶で保温するタイプも増えています。淹れたてを飲むに越したことはありませんが、保温が必要な場合はより熱の負荷の少

コーヒーメーカーの保温で酸っぱくなるのは・・・
時間がたつほど
キ
キ
キ
どのキナ酸も腕組みをほどいてしまうから!

ない魔法瓶タイプの方がいいでしょう。

個人的には、コーヒーメーカーを使うことはあまり好きではありません。湯を沸かすことができて、電動ミルがあれば、コーヒーを淹れるために取られる時間はせいぜい数分間です。コーヒーの風味をつくる最後の数分間を機械に任せてしまうのは、とてももったいないことだと思います。慣れてしまえば何でもない作業です。そして、その数分間が与えてくれるコーヒーの楽しみはとても大きいのです。

Q34 澄んだコーヒーはおいしさの証なのでしょうか?

澄んだコーヒーはおいしさの証であるとか、透明度のないコーヒーは原料が悪いとか、淹れ方が悪いとか、体に悪いとか、いろいろなことがいわれます。果たしてこれは本当なのでしょうか? たしかにフィルターで濾過した透明なはずのコーヒーでも、濁ってきたり、液面に油のようなものが漂っていたりするのを目にすることがあります。

油のようなものの一因は、器具の汚れにあるようです。コーヒー自体に問題があるわけではなく、用いた器具に付着していた汚れが湯に洗い出されてカップに混入することがあります。器具のメンテナンスもおいしさを得るための一要素です。おいしさを損なわないように日々気をつけたいところです。

抽出液の濁りは成分の問題です。コーヒーに含まれるいろいろな物質の湯への溶けやすさは同じではありません。水でも湯でも簡単に溶けるものもあれば、水温が上がるにつれて溶けやすくなる物質もあります。問題になるのは後者です。カップに注がれたコーヒーの温度は徐々に下がっていきますので、当初は溶けていたものが温度の低下に伴って溶けていられなくなって出てくることがあります。これが濁りの原因になります。

また、成分の中には他の成分とくっつきやすいものもあります。代表的なものがカフェインとクロロゲン酸類です。カフェインとクロロゲン酸類はコーヒーの中でいったんくっついてしまうと溶けにくくなります。溶けなくなったものは、やはり濁りの原因となります。このような濁りは、原因となる物質であるカフェインやクロロゲン酸類を多く含むコーヒーに起こりやすい傾向があります。例えば、一般に低級品とみなされることの多いカネフォラ種は、カフェイン、クロロゲン酸類の含有率がアラビカ種より多めですから、カネフォラ種の配合比率が多いと濁りやすくなります。ただし、高品質と評価されるアラビカ種の中にもクロロゲン酸類の含有率の多いものがありますから、原料が悪いと濁るとは一概に言えるものではありません。また、クロロゲン酸類の含有率は深煎りになるにつれて減少していきますので、浅煎りの方が濁りやすくなります。

濁りを生む原因はいずれも嗜好の問題に関係しており、原料の悪さや抽出技術の低さが原因であるとは一概に言えません。そしてこの濁りが体に悪いという医学的根拠にもとづいた報告例を私は知りません。

Q35 エスプレッソの抽出の原理を教えてください。

エスプレッソは誕生してからわずか一世紀ほどしかたっていない比較的新しい抽出方法ですが、ここ数年で日本にも急速に普及しました。日本にエスプレッソブームを巻き起こしたのは、シアトル系といわれる深煎りのコーヒー豆を使用したタイプですが、エスプレッソ発祥の地イタリアの、シアトル系と比べて煎りの浅いタイプもずいぶんと身近になってきたのではないでしょうか。

エスプレッソの抽出の原理は、ドリップなどの抽出原理とは違います。よく「九気圧・九十℃・三十秒」といわれるように、エスプレッソは高温（九十℃程度）の湯に高圧（九気圧程度）をかけて、短時間（三十秒程度）で少量（三十cc程度）の濃厚なコーヒーを淹れる抽出方法です。高温・高圧の湯が粉の内部に浸透し、コーヒーの成分を溶かし出していきます。ですから、粉の表面に出てきた成分だけを溶かす他の抽出方法と比べて短時間で淹れることができるのです。

表面を覆う細かい泡もエスプレッソの特徴です。タンパク質や多糖類からできているこの泡をクレマといいます。クレマはエスプレッソの香りをカップの中に閉じ込める役割を果たしています。

エスプレッソの風味の良し悪しを決めるのは粉の量、粉の大きさ、粉の詰め方です。圧力が粉に対して適正にかかれば、三十秒間ほどで三十cc程度のエスプレッソが得られますが、粉が少なかったり、粉が粗かったり、詰め方が甘かったりしてかけた圧力が簡単に抜けてしまうと、短時間で抽出が終わり、風味が薄っぺらになります。このような場合、クレマはすぐに消えてしまいます。逆に、粉が多すぎたり、細かすぎたり、きつく詰めすぎたりすると、なかなかエスプレッソが落ちてきません。この場合は、泡の大きなクレマを伴ったえぐみの強いエスプレッソになってしまいます。

抽出を安定させるためには、粉の量、詰め方を一定にしたり、粉の大きさを適宜調整したりしなければなりませんが、その手間暇のかからないポッド（容器に一杯分の粉をきっちりと詰めたもの）も普及しつつあります。ポッドを使うと挽きたての風味を表現することはできませんが、誰でも簡単に適正なエスプレッソを淹れることができます。

エスプレッソ
ドッ
ドッ
高圧
9気圧
高温の湯
90℃程度
30秒程度
短時間
少量で濃厚
30cc程度
粉の内部に湯が浸透し、成分を一気に溶かし出す

ドリップなど他の抽出法
じわじわ
じわじわ

Q36

プロが淹れるようなエスプレッソを家庭でも淹れられますか？

家庭用のエスプレッソ抽出器として、モカポットという器具が売られています。モカポットでは、密閉した容器中で沸騰した湯を粉の層に通過させてコーヒーの成分を抽出します。モカポットはエスプレッソ用に細かく挽いた粉を使い、エスプレッソマシンで使用するようなフィルターに詰めて高温の湯で淹れるので、これで淹れたコーヒーも一般的にエスプレッソといわれますが、粉にかかる圧力は一・五気圧程度と非常に低く、エスプレッソの抽出原理は働かず、どちらかというとドリップに近い淹れ方になります。ドリップの項でも述べた通り、粉が細かすぎると味が重くなり、湯の温度が高すぎても味が重くなりますから、細かく挽いた粉に百℃を超える湯を接触させるモカポットで淹れたコーヒーは、非常に味が重くなりがちです。ミルクで割って飲むためのコーヒーと割り切って使った方

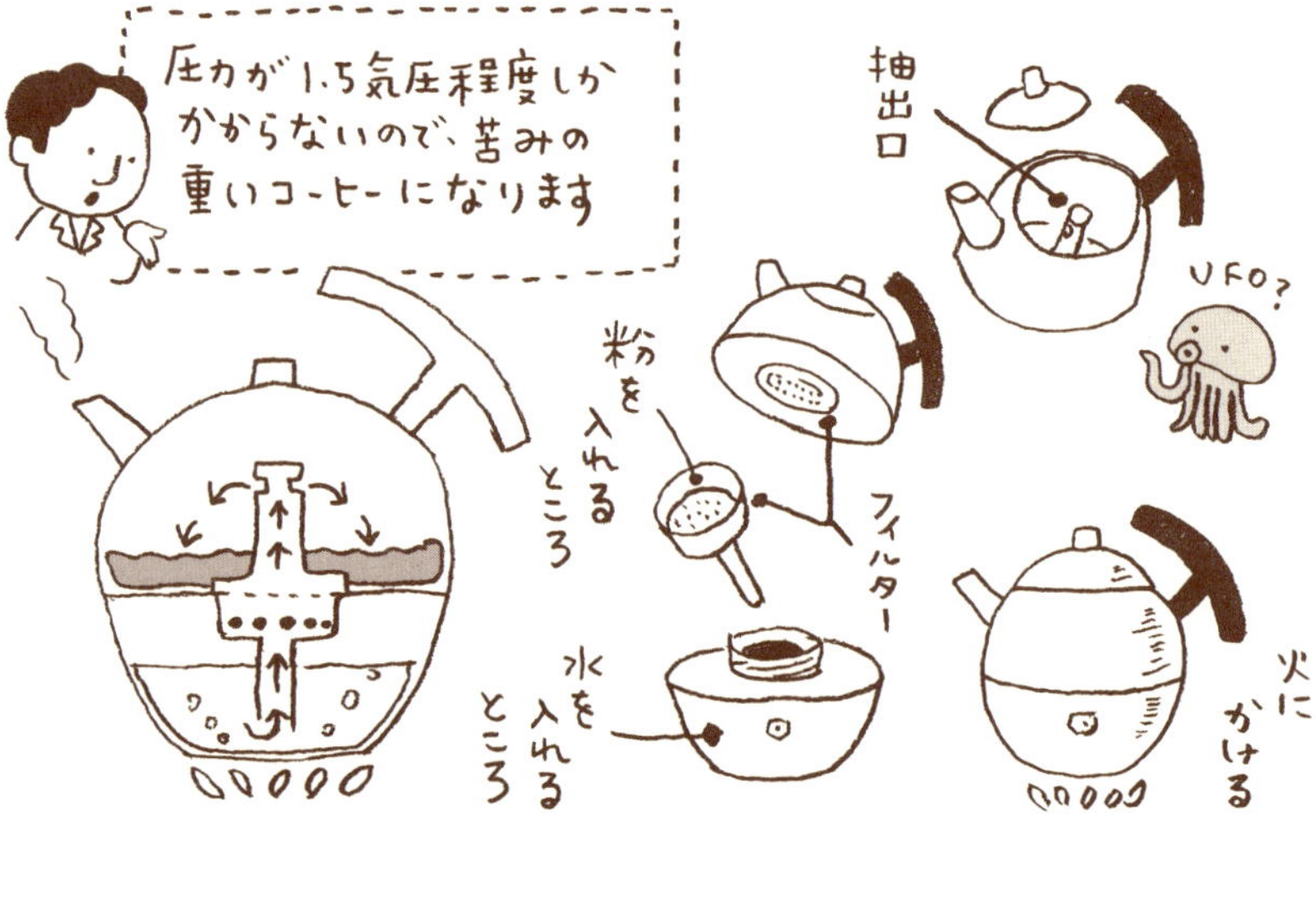
圧力が1.5気圧程度しかかからないので、苦みの重いコーヒーになります
抽出口
UFO?
粉を入れるところ
フィルター
水を入れるところ
火にかける

がいいでしょう。

最近では、家庭用の小型のエスプレッソマシンも増えてきました。圧力があまり上がらない機種については、モカポットと同様に考えた方がいいでしょう。九気圧程度の圧力をかけられる機種については、ある程度本格的なエスプレッソを楽しむことができます。ただし、プロが使用しているマシンと違ってボイラーが小さいために、連続して淹れることは難しいです。

Q37 水出しコーヒーの抽出の仕組みを教えてください。

水出しコーヒーとは文字通り、湯ではなく水を使って淹れるコーヒーのことです。湯に溶ける成分は水にもある程度溶けますので、水でもコーヒーを淹れることはできます。ただし、成分が溶け出すのに時間がかかりますので、数時間から数十時間かけてゆっくりと淹れることになります。

水出しコーヒーの特徴は、味がマイルドになることです。これは味として重く感じられる苦み成分などが水にはあまり溶けないためです。そして、香りの成分についても水には溶けにくいものがありますので、コーヒーに香りを求める場合には水出しという抽出方法は適さないことがあります。

水出しコーヒーを淹れる場合、専門店では理科の実験で使うような専用のガラス器具を使います。フラスコのコックを水が一滴ずつ落ちるように調整し、数十cmの長さの粉の層の上に落としていきます。ぽたぽたと落ちていく水滴がゆっくりと粉の層を通り、褐色に変わっていく様子は演出効果も抜群です。

水出しコーヒーは家庭でも淹れられます。やや高価ですが、専門店で使っているものをそのまま小さくしたような家庭用の器具が売られています。家庭用のものは水が粉に対して均一にかからないために抽出ムラができやすいのですが、粉の上にフィルターを一枚置くと均一に抽出できます。

また、専用の器具がなくても淹れられます。フレンチプレスでもできますし、鍋やマグカップなども使えます。粉を入れて、水を入れて、あとは待つだけ。適度な濃度になったところでペーパーで濾過すればできあがりです。

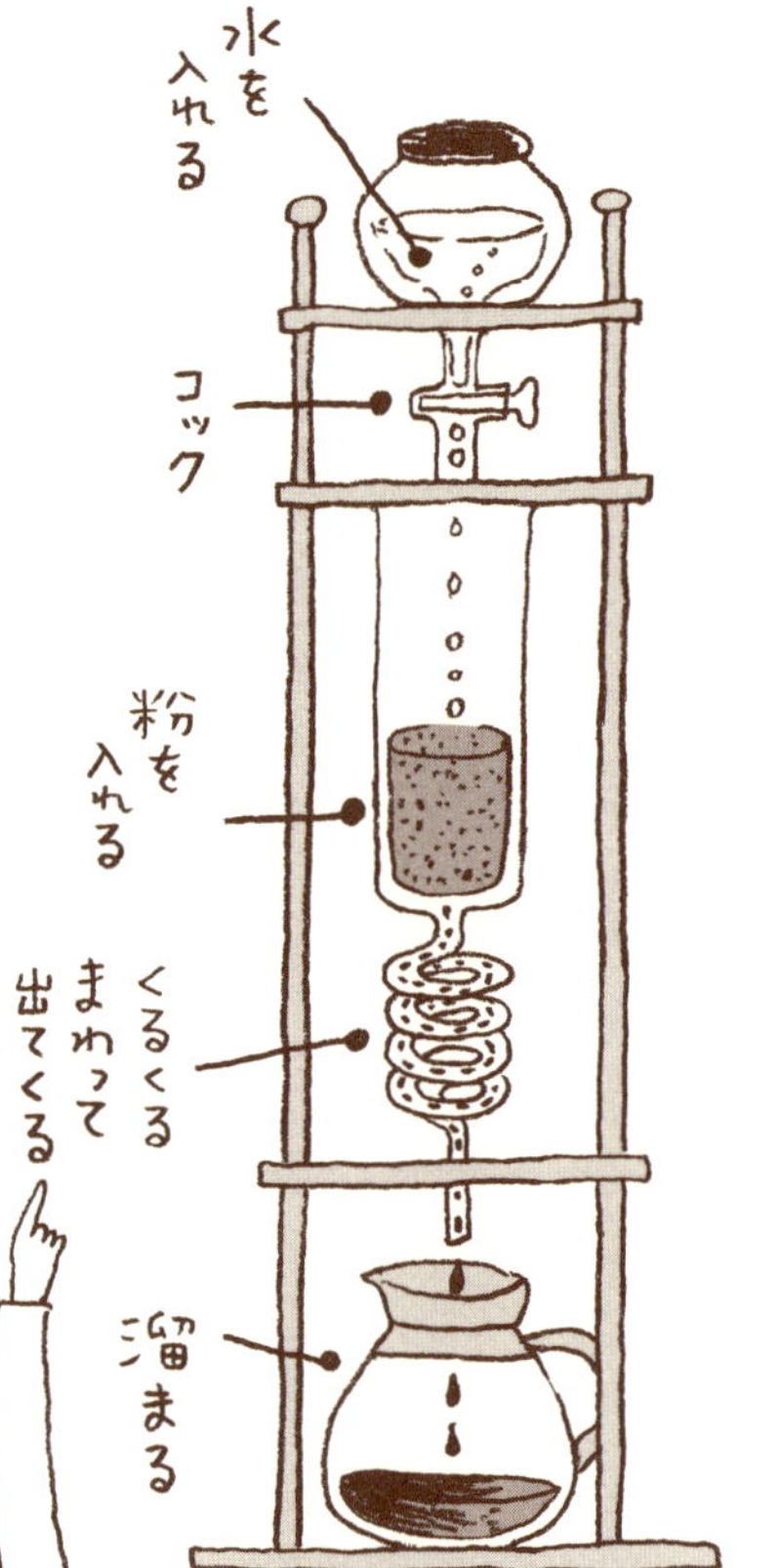
水を入れる
コック
粉を入れる
くるくるまわって出てくる
溜まる
くるくるは単なる演出で科学的根拠は特にありません

Q 38

アイスコーヒーのつくり方のこつを教えてください。

アイスコーヒーの普及は、一九〇〇年代初め、アメリカで夏場のコーヒー消費量を落とさないために大々的に宣伝されたことがきっかけだったようです。映画「ローマの休日」でグレゴリー・ペックさん演じる新聞記者が「Cold coffee」とオーダーするシーンが印象的でした。日本では大正時代頃に飲まれるようになったようです。現在では夏場を中心に通年で広く親しまれています。

アイスコーヒーを淹れるときに気をつけなければならないことは、味覚の温度特性です。私たちが感じる味の強弱は、温度によって変わります。私の所属する会社では、社員やお客様を対象に味覚感度試験をやっているのですが、甘味《かんみ》や苦味《くみ》は冷やすと感じにくくなる傾向があり、酸味は冷やすとやや感じやすくなる傾向があります。このように酸味や苦味の感じ方は温度によって違いますので、アイスコーヒーにはホット

コーヒーとは違う味づくりが必要になります。ホットコーヒーよりも深煎りの豆を使ったり、カネフォラ種の比率の多いブレンドを使ったりして、酸味を減らして苦味を強める方法が一般的です。

　湯で抽出する場合には、通常よりも濃いコーヒーを淹れ、それを氷の上に直接落して急冷しつつ薄める方法が一般的です。もちろん水出しにすることもできます。

　アイスコーヒーの利点は、温度が低い分、風味が長持ちするということです。冷蔵庫に入れておけば、数時間ほどおいしさを維持することができます。

熱湯抽出
冷却
氷

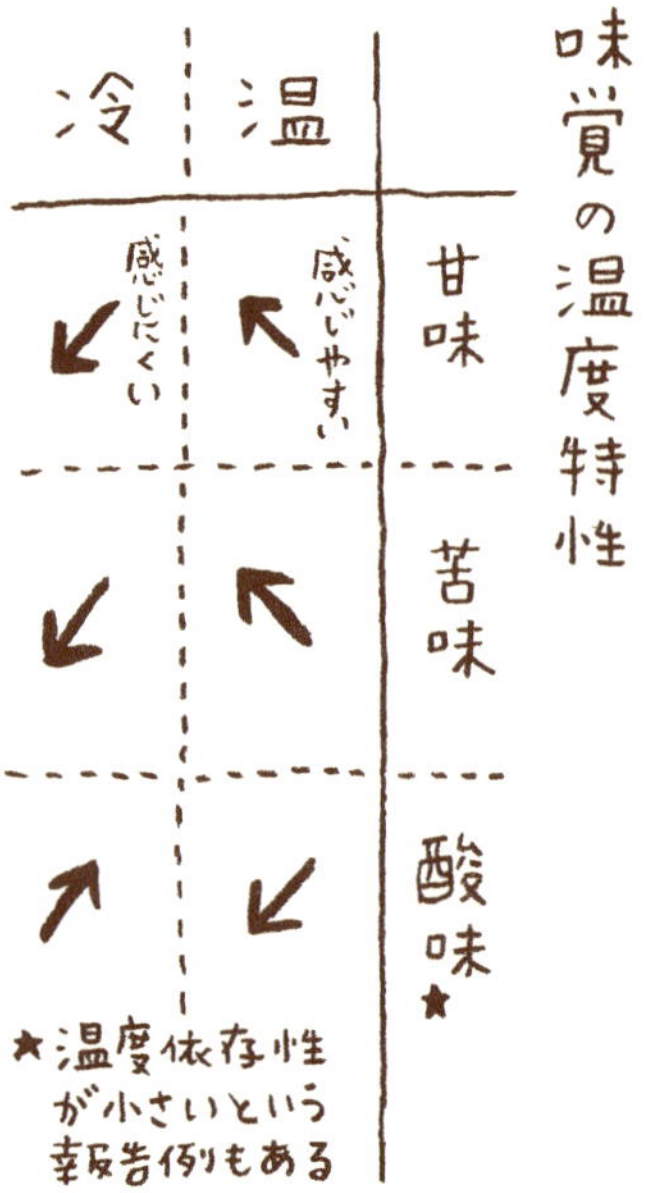
味覚の温度特性
温
冷
甘味
苦味
酸味★
感じやすい
感じにくい
★温度依存性が小さいという報告例もある

Q39 コーヒー豆を挽く目的は何ですか？ 粉の大きさの種類と主な用途を教えてください。

私たちはコーヒー豆を挽いてから使用します。それは豆に含まれる成分を取り出しやすくするためです。挽くことによって豆の表面積は千倍程度にまで増え、それによって私たちは、ほんの数分間でコーヒーを淹れることができるのです。

コーヒー豆をどの程度の大きさに挽くかは、ミル（粉砕機器）のダイヤル設定を変えることによって簡単に調整することができます。粉の大きさについては、全日本コーヒー公正取引協議会が示す砂糖との比較が一つの目安になっています。粗挽きはざらめ糖以上の大きさを指し、中挽きはグラニュー糖程度の大きさ、細挽きはグラニュー糖と白砂糖の中間の大きさに相当します。中細挽きは中挽きと細挽きの中間の大きさ、極細挽きは細挽きより細かいものを指します。

粉の大きさは抽出時の成分の出方や濾過速度に影響を与えます。つまり器具や抽出方法によって、適する粉の大きさが異なってくるということです。極細挽きの用途は、主にエスプレッソになります。細挽きは簡易抽出タイプ（カップに引っかけられるフィルターにあらかじめ一杯分の粉が詰められている商品）に多く見られます。中細挽きから中挽きはペーパードリップやサイフォンに、粗挽きはフレンチプレス用に推奨されることが多いようです。

●挽き方と粉の大きさ

粗挽き	ざらめ糖以上
中挽き	グラニュー糖程度
中細挽き	中挽きと細挽きの中間
細挽き	グラニュー糖と白砂糖の中間
極細挽き	細挽きより細かい

全日本コーヒー公正取引協議会「挽き方の基準」より作成

Q40
コーヒー豆を挽くときのこつを教えてください。

家庭でコーヒー豆を挽くときの最大のポイントは、挽いたらすぐに使うことだと思います。私はいつも器具を用意して、湯が沸いてから挽き始めます。

挽いた粉の大きさは、コーヒーの成分の出方や濾過速度を変え、風味に大きな影響を与えます。ですから、どのように挽くかも重要です。理想は均一に挽けて、なおかつ、いつも同じように挽けることです。ただし、これはあまり現実的ではありません。高精度の非常に高価なミルを使うか、挽いた粉をふるい分けるかが必要になるからです。

家庭で挽く場合は、微粉（非常に細かい粉）をできるだけつくらないことにだけ注意すればいいと思います（抽出原理の異なるエスプレッソについては別です）。その第一の理由は、同じ重さの粉があった場合に細かくなればなるほど表面積が大きくなり、コーヒーの濃さに与える影響が大きくなるからです。第二の理由は、細かい粉ほど濾過が遅くなり、抽出時間を必要以上に長くすることにつながるからです。第三の理由は、細かい粉ほどあまり多く出したくない成分が溶け出やすくなり、しかもその量をコントロールしにくくなるからです。実際に、微粉を多く含んだコーヒーの味は重くなりがちです。

微粉の発生する量はミルによって違います。まずは使っているミルでどのくらいの微粉が発生するかを知る必要があります。いつものように挽いてみて、それを茶漉しや製菓用のふるいにかけて微粉をふるい落としてみましょう。微粉を取り除いて淹れたコーヒーの味が明らかに違うようであれば、対策を講じた方がいいでしょう。

例えば、粉の大きさを調整できるタイプのミルであれば、少し粗めの設定で一度挽いてみてください。微粉の量は減ります。ただし、全体に粗くなるためにコーヒーの成分は出にくくなりますので、豆の量を増やさなければなりません。粉の大きさを調整できないミルを使っている場合や、粉の大きさを調整しても微粉の量を十分に減らせない場合は、茶漉しやふるいを使って取り除いた方が無難です。

また、掃除のしやすさも重要です。ミルの中に微粉がたまると、それだけで挽き方に影響が出てきますし、微粉は劣化しやすいために異臭のもとにもなります。

どのようなミルを選ぶかで、おいしいコーヒーを楽しむために必要な手間暇が変わってきます。次項より、ミルについて詳しく見ていきましょう。

Q41 コーヒー豆を挽くミルにはどんな種類がありますか？

コーヒー豆用のミルには、一杯分の豆を手動でコリコリと挽くものから、一時間に一トン以上挽くような大型のものまで、いろいろなタイプがあります。ミルの特性はその構造で決まりますので、まずはこの本で取り上げるミルを構造で分類していきましょう。

ミルは粉砕部の構造から、ロールグラインダー、フラットカッター、コニカルカッター、ブレードグラインダーの四つに分けることができます。

ロールグラインダーは、対になって回転するロール（その表面が歯状になっています）の間隔を変えることによって、粉の大きさを調整することができます。

フラットカッターやコニカルカッターは、

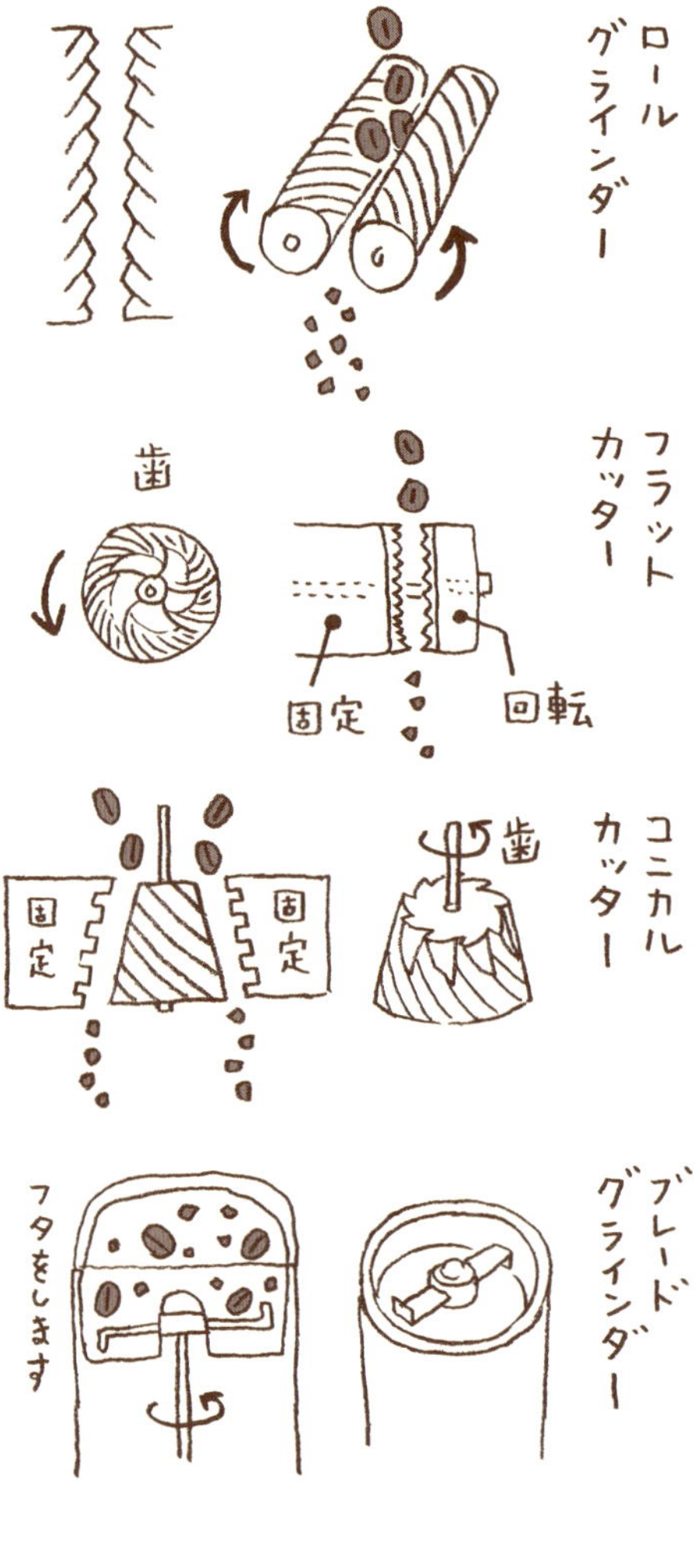

動く歯（回転歯）と固定してある歯（固定歯）から構成されています。ダイヤルあるいは調整ネジを使って回転歯を動かし、歯と歯の間隔を変えることで粉の大きさを調整します。フラットカッターの歯は平面状ですが、コニカルカッターの歯は円錐状になっています。

　ブレードグラインダーは、金属製の羽根を回転させて、その衝撃で豆を粉砕します。ブレードグラインダーには粉の大きさを調整する機能がないため、粉砕にかける時間でおおまかに大きさを決めることしかできません。

　それぞれのミルの特徴については、次項から詳しく見ていきましょう。

Q42 ロールグラインダーの特徴と使い方のこつを教えてください。

ロールグラインダーの特徴は、速く、均一に粉砕できることです。そして粉砕時に発生する摩擦熱も比較的少なく、一時間に一トン以上も粉砕する工業用に最適なミルであるといえます。

ロールグラインダーはメーカーによって歯の形状が異なり、それによって粉の形状が変わったり（直方体状の角のあるものと角のとれた球状のものがあります）、同じ重さの粉で体積が変わったりはしますが、いずれも粉砕は速く、他のタイプのミルとは比較できないレベルで均一に挽くことができます。

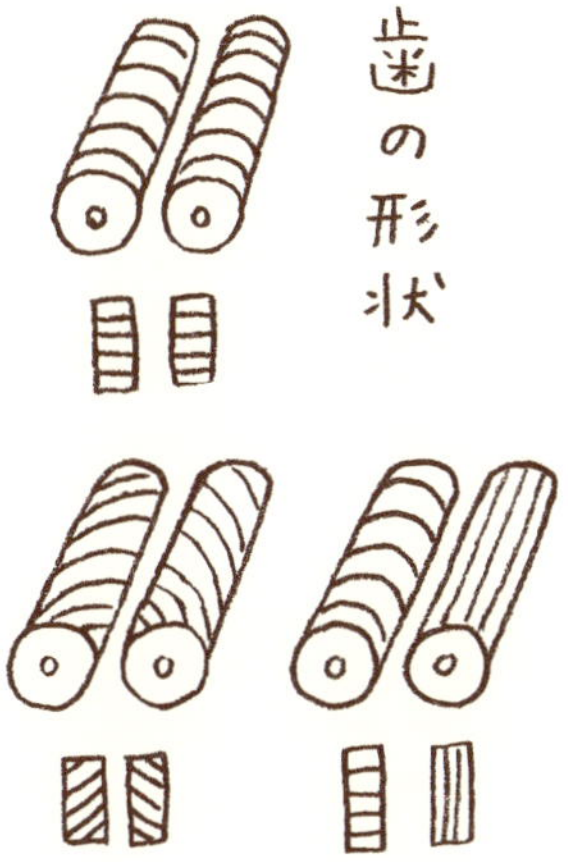
歯の形状

ロールグラインダーでは、粉砕の過程で豆とチャフが分離します。チャフとは生豆を包んでいる薄皮で、一部は生豆の内部に食い込んでいるために粉砕するまで取り除けません。機種によって、このチャフを回収してチャフのない粉を製造できるタイプと分離したチャフを最後に粉に混ぜ込むタイプがあります。チャフの有無が味に与え

チャフ…豆表面の薄い皮。ピーナッツの皮みたいなもの。
焙煎後の豆をふるいにかけて落とす

る影響について議論されることがありますが、私はどちらのタイプを選んでもコーヒーの風味には大きな影響はないと考えています。なぜなら、人や機械を使って風味を分析しても、チャフの有無による差が出たことがないからです。チャフの成分は粉の成分とは違いますが、量が少ないのでその有無が味に影響を与えるほどではないということなのでしょう。

大量粉砕に適したロールグラインダーですが、使用にあたっては注意すべき点があります。第一の注意点は、長時間粉砕する場合は微調整が必要になることです。熱の発生が比較的少ないとはいえ、三十分も連

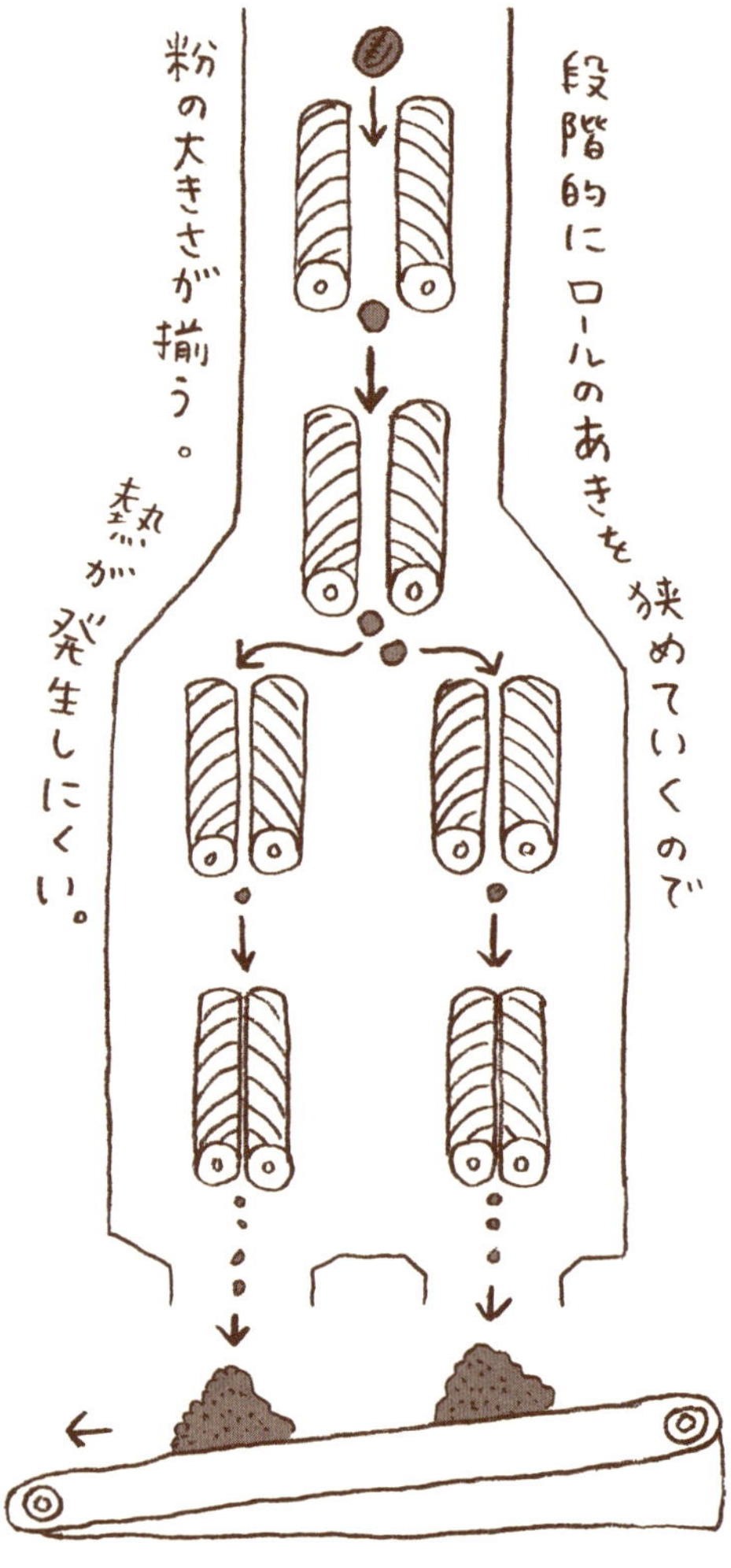

段階的にロールのあきを狭めていくので
粉の大きさが揃う。
熱が発生しにくい。

続して粉砕していると、ロール間の距離がわずかに変わってきます。第二の注意点は、粉砕速度を管理する必要があることです。豆を送り込む速度を上げていくと粉の均一性（粒揃い）が落ちます。均一性を重視するのであれば、メーカー推奨速度の七〜八割を上限と考えた方が無難です。

最近では、コーヒー専門店や挽き売り店で業務用ミルとしてロールグラインダーを検討する機会も増えているようです。たしかに理想的なミルではあるのですが、挽き売り店で摩擦熱が問題になるほど長時間挽き続けることはないでしょうし、非常に高価なものですから、私はおすすめしていません。粉の均一性はやや落ちますが、フラットカッターで十分ではないでしょうか。

Q43 フラットカッターの特徴と使い方のこつを教えてください。

フラットカッターは業務用、家庭用の両方で普及している電動式のミルです。業務用としては一番普及しているミルではないでしょうか。

フラットカッターの歯には、セラミックス製のものと金属製のものがあります。金属製の歯には鋳造してあり丸みを帯びたものと、鋭く切削加工したものとがあります。このような歯の違いは、粉の形状や均一性（粒揃い）の違いにつながります。また、フラットカッターには歯が縦についているものと横についているものがあり、これも粉の形状や均一性に影響を与えます。

フラットカッターは、さまざまなメーカーが製品をつくっており、歯の材質、形状、位置の組み合わせは多岐にわたります。ですから、製品による粉の形状や均一性のばらつきが非常に大きい点が特徴的です。家庭用と業務用を比較すると、業務用の方が高価で、頑丈さ、粉砕速度などの点で家庭用より優れています。ただ、これまでにいろいろな製品のデータをとりましたが、両者に粉の均一性での優劣はありません。それよりも歯の位置の影響の方が大きいようです。歯が横についているものは微粉が多くなる傾向があるように感じます。

フラットカッターを語る際に、丸みのある歯を臼タイプ、鋭い歯をカットタイプと分類し、臼タイプよりもカットタイプの方が摩擦熱が少なく優れているというような話が展開されることも少なくありません。これは少々乱暴な話です。たしかに歯の形状が変わると風味の印象が変わります。ただし多くの場合、これは粉の均一性の違いによると考えられます。均一性が変わると粉の表面積が変わりますので、当然、粉からの香りの強さや淹れたコーヒーの濃度が変わります。ミルを比較する場合は、粉の表面積を同程度に揃えなければ、比較自体が成り立たないのです。目視で粉の大きさを揃えるくらいでは表面積を合わせることはできません。この状態で比較して、風味の差を摩擦熱の一言で片付けてしまっては臼タイプがかわいそうです。個人的には、十分間を超える連続粉砕でもしない限りは、摩擦熱の影響はないと考えています。なぜなら、粉の表面積を揃えてみると、淹れたコーヒーの特性は同等になりますし、香りの成分にも差が見られないからです。

Q 44

コニカルカッターの特徴と使い方のこつを教えてください。

コニカル conical とは「円錐状の」という意味です。コニカルカッターには、手動と電動の二タイプがあります。

手動ミル　ハンドルを回してコリコリと挽く家庭用手動ミルの器具としての美しさは、電動ミルにはない魅力です。挽くのに時間がかかりますが、コーヒーの香りを漂わせながらゆっくりと流れる時間はコーヒーのおいしさの一部といってもいいのではないでしょうか。

これまでの私の経験では、ミルの軸の部分の構造の違いが、粉の均一性（粒揃い）の違いを生むように感じています。軸を上下二カ所で固定しているものに対して、上部一カ所のみで固定しているタイプは、均一性が悪い傾向にあります。日本でも昔は前者のタイプがありましたが、最近では後者ばかりで、前者のタイプは海外の製品にしかないようです。味に大きく影響するほどのことではありませんが、ちょっと残念な気がします。また、同じミルでもハンドルを回す速さを変えると均一性が変わるこ

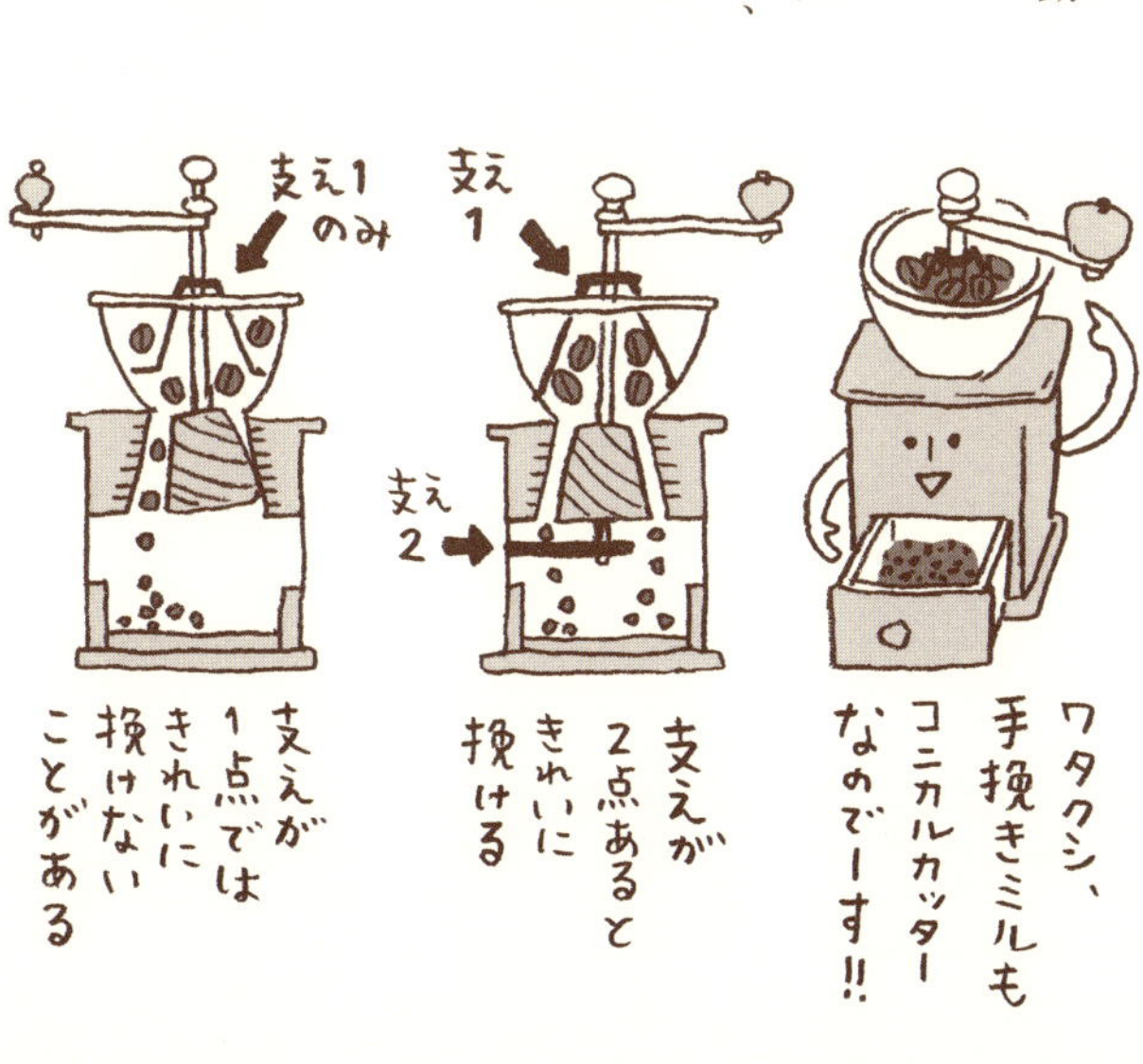

ワタクシ、手挽きミルもコニカルカッターなのでーす!!
支え1
支え2
支えが2点あるときれいに挽ける
支え1のみ
支えが1点ではきれいに挽けないことがある

とがあります。安定したおいしさを求めるのであれば、一定の速さで挽くことを少し意識した方がいいかもしれません。

電動コニカルカッター　コニカルカッターの特徴は、粉の大きさを設定するパーツがダイヤル式ではなくネジ式なので、粉の大きさの調節が無段階でできることです。この特徴ゆえに、電動のコニカルカッターはエスプレッソ用ミルとしてよく使われています。エスプレッソは抽出時の圧力のかかり方の違いが味に直結し、粉の大きさや形状が圧力のかかり方を変える大きな要因となる、粉の状態の変化に非常に敏感な抽出方法だからです。

最近はエスプレッソがポピュラーになってきたせいか、家庭用、業務用ともに普及しつつありますが、フラットカッターの半分程度に回転数を抑えてある商品が多く見られます。

Q45 ブレードグラインダーの特徴と使い方のこつを教えてください。

ブレードグラインダーはプロペラ式ミルとも呼ばれ、家庭用の小型電動ミルとして使われています。このタイプは電動ミルでは一番安く、コンパクトで、掃除がしやすいという利点がありますが、粉の大きさを設定する機能がついていないという大きな欠点があります。また、粉の均一性（粒揃い）が悪く、あまり挽かれていない粗い塊や、挽かれすぎた微粉が他のミルよりも格段に多く生じます。メーカーによって羽根の形が若干違っていますが、この傾向は羽根の形にかかわらず共通です。そのためプロの中にはこのタイプのミルをすすめない人も多いようです。あと数千円出せば、安定性も均一性もより高いフラットカッターやコニカルカッターが買えるのですから、無理もありません。

このタイプのミルの欠点は、使い方によっては多少改善されます。うまく使うポイントは二つあると思います。第一のポイントは、振りながら粉砕することです。これによって均一性が数段向上します（といってもフラットカッターやコニカルカッターには及びません）。第二のポイントは、生じた微粉を取り除くことです。粉砕した粉を製菓用のふるいや茶漉しで軽くふるうだけで十分です。大量の微粉の存在はコーヒーの風味を損なうので、それを減らすだけで味の印象はがらりと変わります。

このタイプのミルには粉の大きさを設定する機能がありませんので、毎回同じ大き

スイッチ
オン
ウィーン
粒の大きさが揃わないので、
粗目
中目
微粉
シェイクしながらやると
多少は微粉が減ります
茶漉しでふるい、
微粉を
とりのぞく

さに粉砕することは非常に困難です。しかし、毎回同じ味に淹れることを求めないのであれば、選択肢として考えてもいいと思います。ミルはずっと使い続けられるものです。できればフラットカッターやコニカルカッターを買っていただきたいとは思いますが、ブレードグラインダーでも挽きたて、淹れたてのコーヒーのおいしさを味わうことは可能です。

Q46 これからミルを買おうと思います。どのタイプのミルがいいですか？

消費者の方からときどき尋ねられるこの質問は、私にとって一番うれしい質問です。コーヒーをおいしく淹れる一番のポイントは、挽きたてにあると考えているからです。現在、世の中に出回っているコーヒーの七割は粉製品だと思いますが、せめて豆が七割くらいを占めるように変えていきたいと考えています。せっかくのコーヒーのよさが淹れる前に失われてしまっているのは、とてももったいないことです。

ミルを選ぶ場合に考慮すべき点として、予算、用途、目的、使用頻度、大きさ、手入れのしやすさなどが挙げられます。予算を抑えたい場合、選択肢は手動のコニカルカッターかブレードグラインダーになります。手動のコニカルカッターはコンパクトで、粉の均一性（粒揃い）に問題はありませんが、挽く手間がかかります。ブレードグラインダーもコンパクトで、手入れもしやすく、挽く手間がかかりませんが、粉の均一性が低いために安定したおいしさをつくることは難しいのです。

予算に余裕があれば、電動のコニカルカッター、フラットカッターも選択肢に入ります。電動コニカルカッターやフラットカッターには、ブレードグラインダー二台分くらいの価格のものと、さらにその倍以上の価格のものとがあります。手入れのしやすさや粉の均一性が製品によって異なりますので、事前にテストするか（親切な店なら対応してくれます）、実際に使っている人の感想をインターネットなどで集めることを強くおすすめします。特に問題になるのは均一性で、製品によって（特に安価なタイプ）は大量の微粉が発生してコーヒーの味が損なわれることがあります。これは多くの人がつまずくポイントです。実は私自身もそうでした。せっかくおいしいコーヒーを飲むために一歩踏み出したのに、逆においしくなくなってしまっては、元も子もありません。

同じ質問をプロから受けることもあります。挽き売り店や喫茶店であれば、主にフラットカッターの中から選ぶことになります。この場合は、お客様にストレスを与えないように粉砕速度に気を配る必要がありますし、メンテナンスのしやすさなども検討項目になります。商品によっては、掃除や部品の交換に時間がかかるからです。また、業務用のエスプレッソマシンに使う場合には、極細挽きを得意とする専用のコニカルカッターが候補になります。エスプレッソ用の場合は、やはり事前に十分なテストをした方がいいと思います。エスプレッソは微妙な粉の形や大きさの違いが味に直結しがちだからです。

Q 47
コーヒーの保存のこつを教えてください。

コーヒー豆や粉は多くの場合、袋入りで売られています。私たちの目には、それがどんな材質であろうと袋は袋ですが、微小な物質である酸素や水蒸気にとってはザル同然のものもあります。このような〝ザル同然の〟包材の特性を私たちプロは「ガスバリア性が低い」と表現します。

コーヒーを長持ちさせるには、まずは長期保存に耐えうる包装をしてある商品を選ぶことが前提になります（Q74・75参照）。酸素や水分が除去されていない包装であったり、ガスバリア性の低い包材であったりするならば、必要量を見きわめて購入し、長期保存は考えずにできるだけ早く使ってしまいましょう。豆で買うことも大切です（Q20に詳述）。

酸素や水分が除去され、ガスバリア性の高い包材を使った商品であれば、そのまま冷凍庫に入れれば数カ月間は高い鮮度を保持できます。保存温度が低ければ低いほど効果はあります。冷凍保存しておいたものを使用する場合には、完全に常温に戻してから使用します。ただし、保存温度が低ければ低いほど常温に戻るまでに時間がかかります。冷凍保存の場合であれば、三十分くらいが目安になると思います。

では、常温に戻る前に開封してしまうと何が起こるのでしょうか？　冷たい豆をいつもと同じように粉砕・抽出すると、いつもよりも低い温度で抽出することになりますので、コーヒーが薄くなったり、香りが弱くなったりします。また、袋に残っている豆については劣化が進みます。なぜなら、冷たいパックを開封した時点で結露が起こり、中の豆の水分がぐっと増えるからです。豆を取り出すためだけに開けてすぐに閉じる——これだけでも一％くらいは水分含有率が増加してしまいます。せっかく長期保存するつもりが、劣化の原因を増やしてしまうことにつながるのです。

まとめ買いする場合は、長期保存に耐えられる包装で小分けにしてもらうとよいでしょう。とりあえず、すぐに使う予定のもの以外を冷凍庫に放り込んでしまいます。最初の一パックを使い終わった時点で二つめを冷凍庫から取り出して常温に戻します。蛍光灯などにも含まれる紫外線があたったり、温度が高かったりする保存環境も好ましくありませんので、開封後は密閉容器に入れて、常温の暗いところで保管し、できるだけ早く使った方が無難です。

コーヒーブレイク3

コーヒー産業におけるサステイナビリティって何ですか？

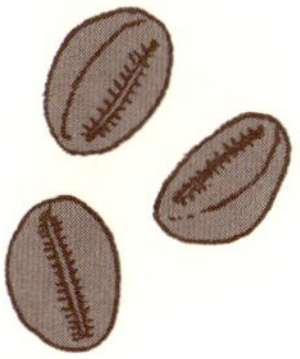

サステイナブル、サステイナビリティという言葉を耳にする機会が増えてきました。持続可能な、持続可能性と訳されることが多いかと思います。

コーヒー産業におけるサステイナビリティとは、ヒトにもその他の動植物にもやさしい環境を守り続けること、コーヒーに携わるすべての人がそれぞれのかかわり方に喜びを感じ続けられることを意味しているのだと思います。コーヒーを育む自然を守ることは、すなわち地球を守ることです。その意義を感じることで生産者にコーヒーに携わる喜びが生まれます。社会保障が充実したり、労力に見合った対価が払われたりすることも同様です。そして、このコーヒーに携わる喜びがつくり甲斐につながり、それがコーヒーの品質の向上につながることになります。

サステイナビリティに取り組むＮＧＯ（非政府組織）は、グッドインサイド、コンサベーション・インターナショナル、スミソニアン渡り鳥センター、国際フェアトレードラベル機構、レインフォレスト・アライアンスなどいろいろあり、こうしたＮＧＯが取り組むサステイナブルコーヒーは、消費者に徐々に受け入れられ、認知度も上がってきています。まずは、それぞれのＮＧＯの理念や行動を知ることから始めてみてはいかがでしょうか？　各団体のウェブサイトや彼らが主宰する各種イベントなど、情報を得る機会も増えています。正しく知り、そして具体的に動いてみることでコーヒーがつくる幸せのサイクルが回り始めます。

私の仕事は「一杯のコーヒーの価値」をメーカーや消費者に正しく伝えることでもあり、私にとってもサステイナビリティは重要な概念です。栽培から抽出まで、一杯のコーヒーにかかる手間暇や苦労を知った上で、コーヒーをいくらで売るか、あるいは買うかを決めてもらいたいと思います。

4

コーヒーの加工を知る——生豆の扱い方、焙煎、ブレンド、包装

Q48 水分が多い生豆ほど鮮度が高いですか？青みが強いものほど新鮮ですか？

コーヒー豆に含まれている成分の中で、水分ほど誤解されているものもないかもしれません。昔からいろいろなことがいわれています。「水分が多い＝新鮮」とか、「水分が多い＝生豆の青みが強い」とか、さらには「生豆の青みが強い＝新鮮」まで、どれもまちがいです。

水分が多い＝新鮮？

生豆の水分がただ単純に減っていくのであれば、「水分が多い＝新鮮」は正しいことになりますが、実際には減ることもあれば増えることもあります。イメージとしては木材と同じです。生豆の周りの湿度が高ければ生豆は吸湿し、その水分は増えていきます。逆に、周りの湿度が低ければ生豆から水分が抜けていきます。保管している場所が同じでも、梅雨時には水分が増えていきますし、冬場には水分が減少していきます。また、産地での影響もあります。できたての生豆の水分含有率の平均値は、産地によって三〜四％は変わります。

水分が多い＝生豆の青みが強い？

これについては、精選後あまり時間がたっていない生豆を同じ産地のもの同士で比較する場合には、ある程度の目安にはなります。ただし、この条件で生豆を比較できる環境にある人はかなり限られると思います。この条件を外してしまうと比較は困難です。なぜなら、生豆の水分含有率は精選方法の影響を受ける上、産地による違いなどもあるからです。アフリカのコーヒーであれば、水分含有率一〇％以下のものでも青々としたものがありますが、中米のコーヒーであれば、水分含有率一二〜一三％程度なければ青みを強く感じないことが多いのです。

青みが強い＝新鮮？

これは論理として破綻しています。AならB、AならCのときにBならCというのは成り立たないからです。朝になるとお腹がすく。朝になると会社に行く。したがって「お腹がすくと会社に行くのである」と言っているのと同じです。

水分はコーヒーの味に直接影響を与えるような成分ではありません。また、生豆の色みについても同じです。これらの要素はあまりにも気にされすぎていると私は思います。二次的な要素でせっかくのコーヒーの品質の評価が下がってしまうのは、とてももったいないことではないでしょうか。

Q49
つやのある生豆とつやのない生豆があります。味に影響しますか？

生豆にはロウがかかったようにツヤツヤしたものや、つやがなくカサカサしたものがあります。つやは生豆の表面にあるワックス層によるものです。つまり、つやの有無は生豆の組成によってある程度決まるものであり、つやの程度は種《しゅ》によって、あるいは産地によって変わってきます。また、精選工程の影響も受けます。研磨機能のついた脱殻《だっかく》機を使用すると、よりつややかに仕上がります。

つやがまったくないものは、研磨のかけすぎなどによって表面のワックス層が失われた場合などにでき、産地での精選工程に問題があった可能性があります。

生豆のつやの有無は焙煎後の豆の外観にも影響を与え、つやのない生豆を焙煎すると、つやがなく、くすんだ焙煎豆になってしまいます。そのため、しばしばクレームの対象となることがあります。ただし、コーヒーの風味を形成する主要成分については、つやのあるものと同等であることがほとんどであって、風味の差につながることはまれです。

生豆で販売するにせよ、焙煎豆で販売するにせよ、対面販売では豆の外観も重要な要素になるため、つやのない生豆の使用は控えた方が無難かもしれません。ただし、粉で販売する場合には気にする必要のないことがほとんどです。

生豆を選ぶ際にこだわるポイントは、売り方によって異なるべきだと思います。つやの有無や粒の大きさなどは風味の優劣とはあまり関係のない品質要素ですから、粉にして販売するような場合は、見た目で判断してしまって風味に優れる原料を切り捨ててしまうのは、もったいないような気がします。

Q50 ニュークロップ、オールドクロップってどんな豆ですか？

ニュークロップとは収穫年度内の生豆のことです。オールドクロップとはニュークロップを温度、湿度などを制御した保管場所で短いもので数年間、長いものでは数十年間寝かせたもののことで、寝かせることをエージングといいます。

生豆に含まれる諸成分は、時間の経過に伴って次第に変化していきます。焙煎するとコーヒーは褐色化していきますが、褐色化の反応は加熱しなくても少しは進行しますので、長期間寝かせた生豆は緑色を失い、淡い褐色に変わります。

生豆を寝かせることは海外の少し古い文献にも出てきますので、エージングは日本独特の文化ではないようです。でも、なぜ寝かせるのでしょうか？　オールドクロップ派によると、味がマイルドになることなどがその理由として挙げられています。たしかにその傾向はあります。コーヒーの風味を形成する糖やクロロゲン酸類などは、エージング中に生豆から少しずつ失われていきますから、当然といえば当然です。

しかし、もともと個性の乏しい生豆をエージングすると、ただのスカスカのコーヒーになってしまうこともあります。オールドクロップには、個性が強くてニュークロップの状態では味が強すぎるような生豆が向いているといわれています。実際にはエージングしてみないとわからない部分もあって、風味が抜けすぎて商品価値を失ってしまう生豆も出てくるようです。

オールドクロップは時間と労力をかけて選び抜かれたこだわりのコーヒーだといっても過言ではないでしょう。一般に流通しているコーヒーには、収穫後一年もたたずに古米臭のような独特のにおいを出すものも多くありますが、オールドクロップの中にはその不快なにおいがないものや、マイルドなコクを楽しめるものがたしかにあります。これはとても不思議です。

ところで、ニュークロップとオールドクロップとどちらが優れているのでしょうか？　ニュークロップには独特のフレッシュな香りがあり、味の輪郭もはっきりしている点が特徴的です。両者は対極的なコーヒーといっていいでしょう。これは優劣の問題ではなく、嗜好の問題だと思います。個人的にはニュークロップを好んで使っていますが、良質のオールドクロップには別のよさを感じます。

Q 51

生豆は洗わずに使ってよいのでしょうか？

生豆はむき出しの状態で袋詰めされて輸送されてきます。たしかにあまり清潔なものではないかもしれません。ものによって、水に漬けると水が泥水のように濁ることもあります。

生豆に付着している微生物を検査してみると、私たちの目には見えませんが、生豆一gあたり一万個の菌（もちろん害を与えるようなものではありません）が検出されることも珍しくはありません。

しかし、洗う必要があるわけではありません。焙煎時にほこりなどの大部分は落ちてしまいますし、微生物は焙煎時の熱によってほぼ死滅してしまうからです。

逆に、洗って使う場合には注意点が二つあります。第一の注意点は、水に漬けすぎないことです。水に漬ける時間が長くなるほど大切な風味の構成要素である諸成分が失われていくことになります。第二の注意点は、適切に乾燥させることです。このとき、乾燥に時間がかかるとカビが繁殖することがあり、短時間で乾燥させすぎると乾燥ムラができて焙煎時の煎りムラにつながることがあります。どうしても洗いたい場合は、サッと洗って適切に乾燥させ、できるだけ速やかに使うことをおすすめします。

一方で、矛盾するようですが、コーヒーを販売する立場の人には生豆があまり清潔

なものではないという認識を持っておいてほしいと思います。なぜなら、生豆やそれが入っている麻袋《またい》は、最終製品である焙煎豆と同等に扱えるレベルの清潔さではないからです。自家焙煎店などで焙煎豆のすぐ隣に麻袋が積んであったり、生豆がむき出しにされていたりする光景を見る機会が増えてきたように思います。ディスプレイとしては効果的かもしれませんが、衛生的ではありません。コーヒー業界は、コーヒーを「食品」としてとらえる意識のかなり低い業界ですが、その意識は変えていくべきものだと思います。お客様が直接口にする商品を平気で手づかみにしたり、清潔さに問題のあるものと一緒に並べたりする業界は他にはないのではないでしょうか。これは意識の問題ですが、ときどき実害として現れることもあります。生豆や麻袋に含まれるほこりは、アレルギー体質の人にかゆみなどを引き起こす原因にもなります。消費者にコーヒーを安心して楽しんでもらうために十分な配慮が必要です。

Q 52

生豆は長持ちするのですか？　保存のこつを教えてください。

生豆は焙煎豆と比べて長持ちするといわれています。「いつまでも使えます」と謳っている業者もあります。たしかに収穫後何十年もたったオールドクロップもありますから、生豆は長持ちするといってもまちがいではないと思います。ただし、豆の状態は変わっていくため、以下のことに注意する必要があります。

第一に、精選したての風味が維持されるわけではないということです。コーヒーの風味の構成要素となる成分は、生豆の中で少しずつ変化していきます。生豆中の酵素が作用することがありますし、成分の化学変化も起こるからです。

第二に、保管環境の影響を大きく受けるということです。生豆の成分の変化の早さは環境によって変わり、温度と湿度の影響を強く受けます。温度が上がるにつれて変化は促進され、温度が下がるにつれて変化は抑制されます。例えば高温多湿な産地で保管されたり、ドライコンテナ（空調機能がなく、温度・湿度の変化が激しい）の中に長期間置かれたりすると変化が促進されます。梅雨時の多湿や夏場の暑さについても同様です。このような環境による変化を避け、ニュークロップのよさを長期間維持するために、リーファーコンテナ（空調機能付きのコンテナ）で輸送したり、日本では定温倉庫で保管したりすることが多くなってきました。これらは非常に効果的です。

温度を下げればよいという考え方が普及してきたせいでしょうか。夏場にエアコンを利かせた部屋で生豆を保管する自家焙煎店が増えてきています。ただ、これは一歩まちがうと大切な生豆を使い物にならなくしてしまうので注意が必要です。湿度を低く保つことも重要なのです。外気よりも低い温度の部屋に水分を多く含んだ暖かい空気が入り込んでくると、かなり湿度が上がってしまいます。その結果、生豆の水分含量が増え、豆がふやけたり、カビが大量に繁殖したりすることになります。「生豆の様子がおかしい」「味がおかしい」という問い合わせが毎年夏場に数件寄せられます。いずれも原因は同じです。温度を下げるのであれば、湿度にも気をつけましょう。

Q53 生豆はどこで買えますか？買うときの注意点を教えてください。

生豆の購入先はいくつかあります。必要とする量が多ければ、輸入商社から購入することができます。量が少なければ、小分け業者から十kg単位くらいで買うことができます。ただし、商社や小分け業者は個人には売らない場合もあります。家庭用に少ない単位を個人で買うのなら、自家焙煎店の店頭やインターネットを通じて簡単に買うことができます。

私が焙煎に興味を持ったのは九〇年代、学生の頃でした。当時は生豆を目にする機会は少なく、売っている店もほとんどありませんでした。今は業務用にせよ、家庭用にせよ、たくさんの選択肢があり、何を選ぶかが問われるようになってきているのかもしれません。

業務用生豆の仕入れ先を選ぶときの判断基準は、価格、品揃え、供給能力、品質の高さ、品質の安定性、販促グッズや資料などの付加価値が挙げられます。

家庭用の場合は、店の特徴を見つけていくと探しやすいかもしれません。価格や品質の違いだけでなく、サポート重視、品揃えが豊富、ニュークロップ専門など、さまざまな特徴があります。焙煎経験の少ない人であれば、いろいろと親切に教えてくれる店を選ぶと上達が早いですし、ニュークロップよりも少し時間のたった生豆の方が扱いやすいと思います。経験を積んだ人にとっては、嗜好に合った生豆を供給してくれること、価格、生豆に関する情報の充実度などが店選びの判断基準になるでしょう。

私も仕事上、あるいは楽しみの一つとして、いろいろなところから生豆を購入します。特にインターネット販売で感じるのですが、家庭用の生豆の市場はちょっと荒れているような印象を持ちます。どうがんばって焙煎してもおいしくならないような生豆が売られていることも少なくはないからです。家で焙煎して自分だけの味をつくり上げていくためには、焙煎の技術も必要ですが、生豆を選ぶ能力も必要になると思います。自分のこだわりに合った店を見つけることが、おそらく一番の近道になるのではないでしょうか。

Q54

コーヒーは昔から焙煎して飲まれていたのですか？焙煎の歴史を教えてください。

そもそもコーヒーは焙煎せずにそのまま煮汁にして飲まれていたといわれています。焙煎が行われるようになったのは十五世紀頃のこと。コーヒーはその後、嗜好飲料としての性質を強め、やがて広く世界中で親しまれるようになっていきます。

十八世紀頃までは、焙煎は料理と同じく主婦の仕事の一つでした。ヨーロッパへ伝わる頃には、いろいろな料理研究家の焙煎論が語られるようになっています。十九世紀頃から焙煎の職業化が進み、焙煎工場などもできるようになりました。ただし、当時の焙煎機は生産能力が非常に低かったため、大量生産するには至っていませんでした。

焙煎が工業として発達するのは、二十世紀に入ってからです。生産効率を上げるためには一回あたりの焙煎量を増やすことと、一回の焙煎時間を短くすることが必要になりますが、焙煎チャンバー（生豆を入れる部分）を直接加熱するタイプでは限界がありました。火力を上げすぎると焦げや煎りムラが出てくるという問題があったからです。この問題点を解決したのが、熱風式焙煎機の発明です。熱源を焙煎チャンバーから離し、そこでつくった高温の熱風をチャンバー内に高速で送り込むことによって焦げや煎りムラをつくることなく短時間で焙煎できるようになったのです。その後、熱効率をさらに高めたタイプの焙煎機も開発されています。

一九九〇年代後半以降、焙煎機は消費者にとって身近な存在になりつつあるようです。例えば、消費者の依頼にもとづいて店頭で焙煎するオンデマンド型の焙煎サービスが目立って増えてきました。このサービスはそれほど時間がかかりませんし、目の前で自分の選んだ生豆がどんどん色づいていくという視覚的な効果も非常に高いです。また、家庭用にコンパクトに設計された焙煎機も増えてきています。オンデマンドサービス用機種も、家庭用コンパクト機種もともに熱風式の焙煎機であり、このタイプは工業製品としてのコーヒーを変えただけでなく、より消費者に近いところでコーヒーの楽しみを広げる役割を果たしていると言えそうです。

Q 55

コーヒー豆にはどんな焙煎度がありますか？焙煎度によって味は変わりますか？

生豆にどの程度まで熱を加えるかによって、コーヒー豆の色は茶色から黒々とした状態にまで変化します。加熱の程度を表す指標を焙煎度と呼び、一般には焙煎豆の色で区別されます。

日本における焙煎度の一般的な呼称は、浅煎りから順に、ライトロースト、シナモンロースト、ミディアムロースト、ハイロースト、シティロースト、フルシティロースト、フレンチロースト、イタリアンローストとなっています。これはアメリカでの焙煎度の呼称であるLight, Cinnamon, Medium, Medium high, City, Full city, French（Dark), Italian（Heavy）に由来しています。アメリカにはNew England（LightとCinnamonの中間）, Vienneseもしくは Continental（Full cityとFrenchの中間）, Spanish（Italianより深煎り）という呼称もあります。

焙煎度と風味は密接につながっており、

日本での焙煎度の呼称

ライト	シナモン	ミディアム	ハイ	シティ	フルシティ	フレンチ	イタリアン

浅煎り → 深煎り

アメリカでの焙煎度の呼称

Light	New England	Cinnamon	Medium	Medium high	City	Full city	Viennese／Continental	French／Dark	Italian／Heavy	Spanish

浅煎り → 深煎り

程度の差はあれ、どんなコーヒーでも焙煎度を上げる（深煎りにする）につれて酸味が弱くなり、苦みが強くなっていく傾向があります。ですから、焙煎度はそのコーヒーの味を知る一つの目安になります。ただし、焙煎度による味の傾向は生豆の種類によって程度が変わってきます。カネフォラ種のコーヒーであれば浅煎りでも酸味はほとんどありませんし、高地産のアラビカ種のコーヒーであれば深煎りでも酸味が残ります。

なお、ライトロースト、ミディアムローストといった呼称は、焙煎度を表すおおまかな目安にすぎません。なぜなら呼称はつくり手の主観で決められているからです。ある店のシティローストのコーヒーが、別の店のフレンチローストよりも深煎りということも珍しくはないのです。

Q 56
焙煎機ってどんな機械なんですか？

焙煎機とは、コーヒー豆を焙煎するための専用の機械です。焙煎機はさまざまなパーツから構成されており、この項ではそれぞれの名称と働きを説明します。

焙煎チャンバー　生豆を入れて焙煎する部分で、シリンダー（円筒）状になっているものとなっていないものがあります。シリンダータイプのチャンバーは、壁面に多数の穴があいているものと、あいていないものの二タイプがあります。穴あきタイプと穴なしタイプとでは、チャンバー内の空気の暖まり方や保温性が違い、同じように加熱した場合の豆の温度の上がり方が変わり、風味の違いにつながることになります。
シリンダー状になっていないものの形状はさまざまですが、いずれも豆を効率よく攪拌し、短時間で焙煎できるようになっています。

ダンパー　コーヒーを焙煎すると大量に煙が出るため、それを排出しなければなりません。排出量を調整する弁のことをダンパーといいます。ダンパーは煙だけでなく、焙煎チャンバー内の熱の排出も調整します。熱源での火力調整では温度の上がり方を変えることはできても、温度を下げることはできませんが、ダンパーではできます。焙煎を安定させるこつは、豆の温度の上がり方を安定させることです。ダンパーはそのための補助的な役割を果たします。

冷却器　バチバチと豆がはじけ始める焙煎の後半になると、豆自体に発熱反応が起こってくるため、それを素早く止めなければ、必要以上に焙煎が進んでしまいます。冷却器は豆の発熱反応を止め、豆の温度の上昇を止めるためのパーツです。ファンで熱を吸引したり、冷風を送ったりすることで豆の熱を奪いますが、一回に百kg以上焙煎するような大型の機械になると冷却が遅くなるため、大型機では水を霧状に噴射して急冷することもあります。

温度計　主に焙煎中の豆の温度を測る目的で使用します。ただし、実際に計測しているのは豆そのものの温度ではなく、焙煎チャンバー内の空気の温度です。ですから、私たちはそこから豆の温度を推測しているにすぎません。

圧力計　圧力計は熱源としてガスを使う焙

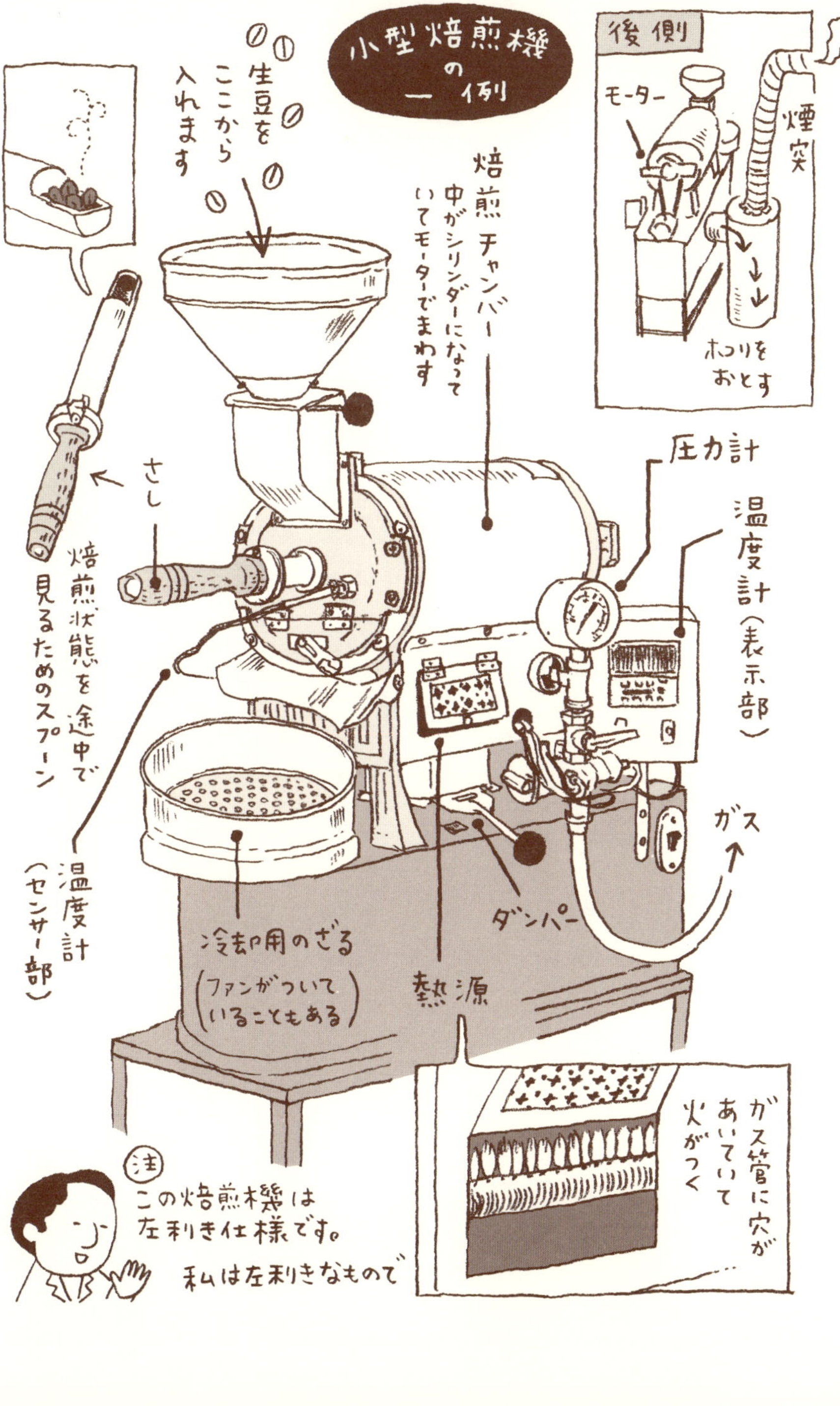

小型焙煎機の一例
生豆をここから入れます
焙煎チャンバー
中がシリンダーになっていてモーターでまわす
後側
モーター
煙突
ホコリをおとす
圧力計
温度計（表示部）
ガス
ダンパー
熱源
冷却用のざる
（ファンがついていることもある）
さし
焙煎状態を途中で見るためのスプーン
温度計（センサー部）
ガス管に穴があいていて火がつく
注
この焙煎機は左利き仕様です。
私は左利きなもので

煎機に付属するパーツで、火力を調整する目的で使用します。ガスの圧力が高いほど強火になります。

さし（スプーン）　焙煎の進行状況を確認するために使用する細長いスコップ状のパーツです。焙煎チャンバーに挿し込まれた状態で付属し、引き抜くと内部の豆の一部を取り出せます。

アフターバーナー　焙煎によって生じた煙を燃焼させて消失させる装置です。住宅地などで焙煎する場合には、煙が近隣住居に迷惑となるために、この装置が必要となります。

Q57 焙煎機にはどんなタイプがありますか？それぞれの構造を教えてください。

日本で一般的に使われている焙煎機は、構造から三つ——直火式、半熱風式、熱風式——に分類できます。

直火式　シリンダー（円筒）状の焙煎チャンバーに、直径数㎜の穴が多数あいているタイプのものです（チャンバーの表面積の三分の一程度が穴になります）。チャンバーの下に熱源があり、チャンバーとその内部と周囲の空気に熱を伝えます。熱源が炭やセラミックスの場合には、壁面で反射は起こるものの、穴から赤外線（遠赤外線～近赤外線）が入り込み、豆に熱を伝えます。この熱の伝わり方を輻射《ふくしゃ》といいます。

半熱風式　シリンダー状の焙煎チャンバー

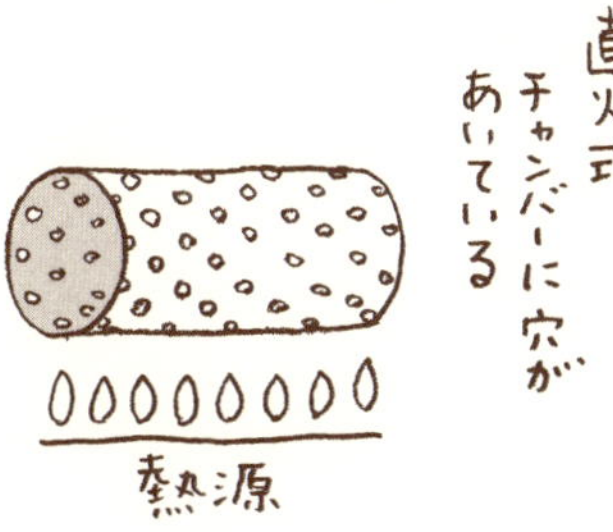
直火式
チャンバーに穴があいている
熱源

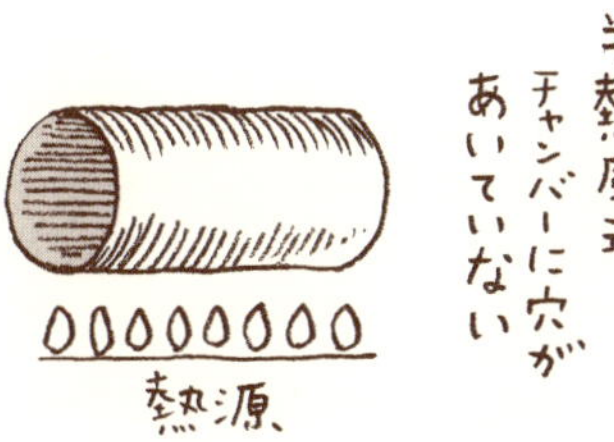
半熱風式
チャンバーに穴があいていない
熱源

に穴があいていないタイプのものです。チャンバーの下に熱源があり、まずチャンバーが熱で暖められ、その熱がチャンバー内の空気を暖め、さらに豆に伝わっていきます。熱源からの熱が段階的に伝わっていくために、火力が変化したときの豆の温度変化は、直火式や熱風式に比べて鈍くなります。チャンバーの壁面で反射が起こるために、熱源が炭やセラミックスの場合は、赤外線の効果を活かすことはできません。

熱風式　チャンバーを直接加熱しないタイプの焙煎機です。チャンバーから離れた場所にある熱源で空気を熱し、その熱風をチャンバー内に引き込みます。加熱を強めても焦げにくい点が特徴的です。

熱風温度を上げたり、熱風の風速を上げたりすることで、熱が伝わりやすくなります。そのため熱風式の焙煎機は、直火式や

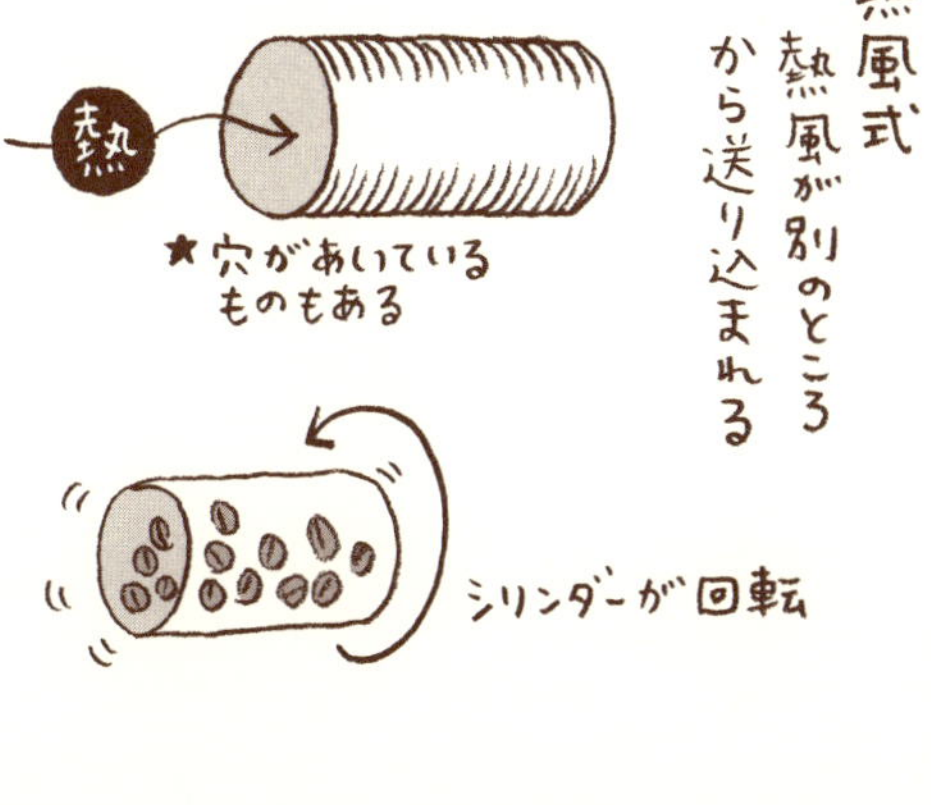
熱風式
熱風が別のところから送り込まれる
熱
★穴があいているものもある
シリンダーが回転

半熱風式に比べて短時間で焙煎でき、早いものでは二、三分間で焙煎が完了します。

Q58 焙煎機の中で豆はどのように熱せられていくのですか？

焙煎機は生豆を投入する前にあらかじめ暖めておき、十分に暖まったら生豆を投入します。連続して焙煎する場合には初回は予熱しますが、二回め以降はすでにチャンバーが熱くなっているので予熱する必要はありません。

常温の生豆が投入されますから、チャンバー内の温度は一気に下がります。下がりきってからの数分間は、表示温度の変化は鈍くなります。これは与えた熱が生豆の水分を蒸発させるのに使われてしまうからです。

その後、豆は水分がなくなった箇所から徐々に温度が上がり始めます。焙煎を考える上では、ここが重要なポイントになります。水分は豆の表面から抜けていきますから、表面部分の水分ほど抜けやすく、表面の温度は比較的早く上がり始めます。でも、豆の中心部分の水分はまず表面に移動して、それから抜けていくことになりますから、どうしても時間がかかってしまいます。中心部分の水分が十分に抜ける前に乾燥した表面の温度が上がっていってしまうと、中心と表面で焙煎の進行に差が出てしまいます（著しい進行の差がなければ、焙煎を進めていくにつれてだんだんと豆の中心と表面、そしてチャンバーの空気の温度が揃い始めます）。

やがて温度の上がり方が安定します。温度の上昇とともに豆の成分の化学的な変化が始まり、豆は色づき始め、香りを漂わせ

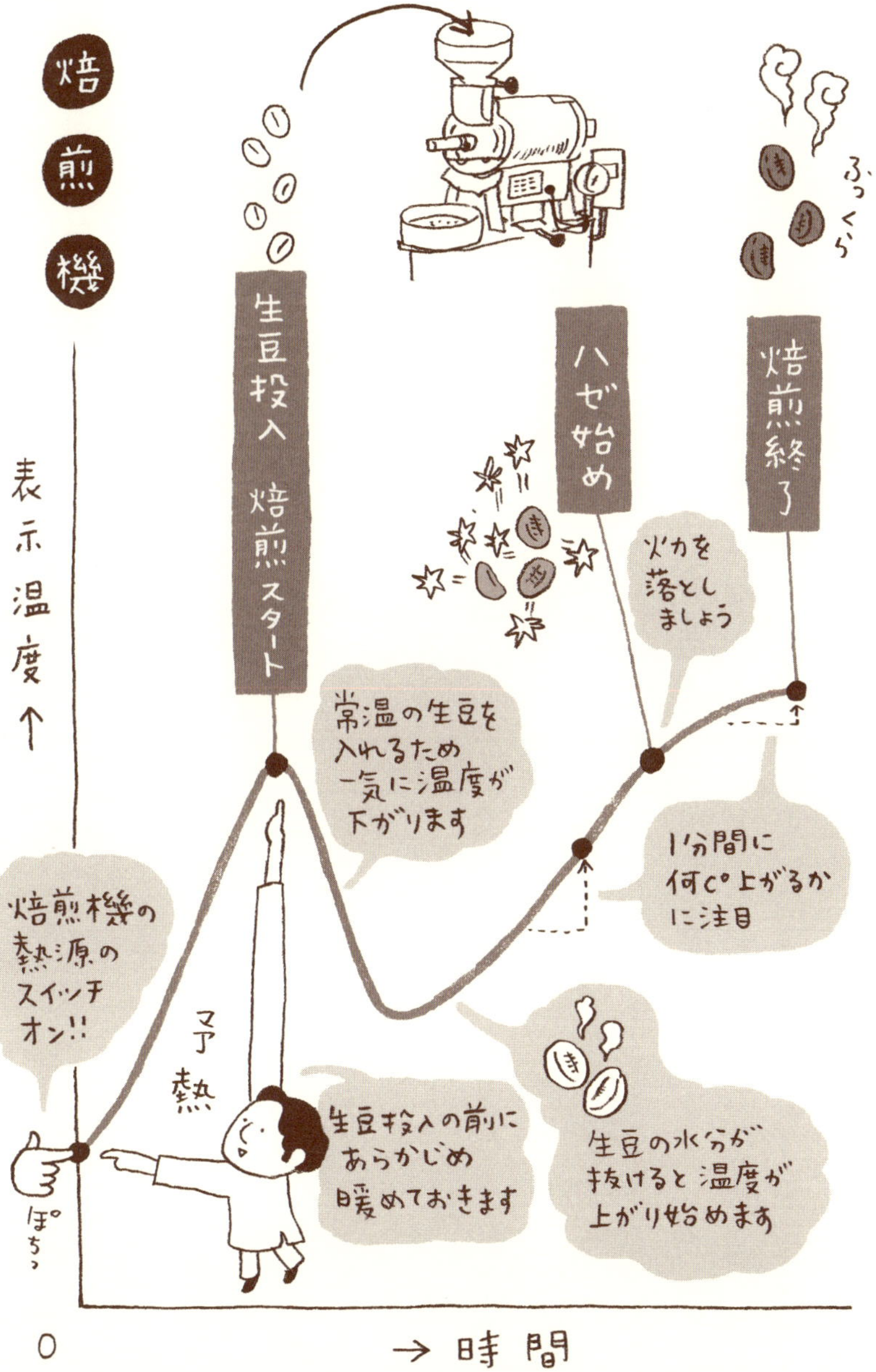
焙煎機
表示温度
0
時間
生豆投入 焙煎スタート
ハゼ始め
焙煎終了
ふっくら
焙煎機の熱源のスイッチオン!!
ぽちっ
予熱
生豆投入の前にあらかじめ暖めておきます
常温の生豆を入れるため一気に温度が下がります
生豆の水分が抜けると温度が上がり始めます
1分間に何℃上がるかに注目
火力を落としましょう

始め、少しずつ膨らんでいきます。こうした変化にも熱が必要とされるので、反応を進めるためには十分に熱を与える必要があります。

　バチバチと豆がはじけ始める頃から、今度は温度の上がり方が速くなります。この時点になると豆からの発熱が起こるためです。温度の上がり方が速いと色の変化も速くなります。あまり速いと色合わせ（所定の色に煎り上げること）がしにくくなりますので、一般にはこの時点から加熱を弱めていきます。

　所定の色に達したら、豆をチャンバーから排出して冷却します。冷却している間も豆が熱いうちは色の変化は進みますので、排出したらできるだけ短時間で冷却しなければなりません。

Q 59

焙煎中の豆にはどんな変化が起こっていますか？一ハゼ、二ハゼって何ですか？

　コーヒーを特徴づける色、苦み、酸味、香りは、生豆に含まれる成分が焙煎時に化学変化を起こすことによって生まれます。このとき主役となる成分は、焙煎によって大きく減少する少糖類、アミノ酸、クロロゲン酸類です。アミノ酸は色、苦み、香りのもとに、少糖類やクロロゲン酸類は色、苦み、酸味、香りのもとになります。

　焙煎開始からしばらくすると、豆の温度が上がり始めます。すると、いろいろな化学変化が起こり始め、色、苦み、酸味、香りなどが徐々につくられていきます。このときに水蒸気や二酸化炭素もつくられますが、これらのガスが豆の内部の圧力を上げ、豆を膨らませていきます。やがて豆は圧力の上昇に耐えられなくなり、その細胞が音を立てて壊れ始めます。これが一ハゼです。一ハゼを迎える頃には、つくられた成分の一部が発熱しながら分解を始めます。この間もガスは発生し、豆は膨らみ続けます。膨張に伴い、細胞がさらに壊されていくたびに音が発生します。これが二ハゼ、三ハゼです。こうした豆の変化は、豆が焙煎チャンバーから排出され、強制的に冷やされることで止まります。

　なお、一度膨らんだ豆は、しぼんで小さくなったりはしません。同じ生豆を浅煎り、深煎りにした場合では、大きさがまったく違い、浅煎りの方が小さくなります。

Q60

焙煎について悩んでいます。考え方のポイントを教えてください。

コーヒーの風味は原料である生豆の資質によるところが非常に大きく、それがおいしさの八割くらいを決めると私は考えています。焙煎はその資質を引き出す作業です。どう焙煎するかで、豆の資質がどう活かされるかが大きく変わります。

　焙煎によって生まれる風味は、生豆の持つさまざまな成分がどのように化学反応を起こすかで決まります。つまり、どの化学反応をどの程度進めるか、どの程度で止めるか――これが焙煎のポイントということになります。

　焙煎時の生豆成分の化学反応は温度と時間の二要素で決まります。つまり、時間経過にしたがって豆の温度をどのように上昇させていくか、豆の温度が何℃になったとき（どの程度色づいたとき）に焙煎を完了させるか――この二点で風味が決まるということです。みなさんは焙煎を難しく考えがちですが、理論的にはとてもシンプルな操作です。

注目してほしいのは「豆の温度が一分間に何℃変わったか」という温度の変化です。まずは、豆から水分が抜けて安定して温度が上がっている焙煎中盤の温度の上がり方と、ハゼ始めた焙煎後期の温度の上がり方を見るといいでしょう。この二つの段階の温度の上がり方を変えて焙煎してみると、それぞれが風味にどのような影響を与えているかがわかります（一分あたりの上昇温度を二倍程度に変えるとわかりやすいです）。その次は、焙煎初期の温度の下がり方です。豆を投入するときの焙煎チャンバー内の温度を十～二十℃程度変えてみるとその影響がわかると思います。ここまでクリアすれば、焙煎初期から後期までの温度変化の影響が理解できたことになります。

焙煎は「豆の温度が一分間に何℃変わったか」の連続で成り立っています。その連続的な変化は、一分ごとに表示温度を記録することで把握できます（ただし、機械に表示されるのは豆の温度ではなく、チャンバー内の空気の温度ですから、私たちはあくまでそこから豆の温度を推測しているにすぎません）。これはグラフにするとより感覚的に理解しやすくなります。横軸を経過時間、縦軸を温度にした曲線のグラフを、私たちプロは焙煎の「温度プロファイル」と呼んでいます。自動的に記録する機械も市販されるなど、温度プロファイルの記録化は日常的になりつつありますが、記録するだけでは焙煎の管理にはなりません。記録した全体像から一分間を取り出してみることが大切だと思います。

Q61 焙煎機の熱源にはどんなものがありますか？それぞれの特徴を教えてください。

焙煎機の熱源には、灯油などの石油系燃料、ガス、電気、炭火、過熱水蒸気などがあります。この項では、炭火（Q62参照）以外の熱源の特徴について説明します。

灯油などの石油系燃料　石油系燃料は燃焼コストがもっとも安く、工業用の大型焙煎機で多く使われていますが、窒素化合物、硫黄化合物などが燃焼時に発生し、環境への負荷が大きいのが難点です。

ガス　一回あたりの焙煎量が数十kg程度の焙煎機では、ガス熱源がもっとも一般的です。石油系燃料は環境への負荷がかかることから、大型焙煎機でも少しずつガス熱源への移行が進みつつあります。

ガスは比較的クリーンで、コストも安く、しかも簡単に使えるという特徴があります。火力の調整も流量の調整一つでできますからとても便利です。圧力計を付ければ精度の高い制御が可能になります。

ただし、ガスの種類（都市ガス、プロパンガス）によって適合するガス器具が変わったり、発熱量が変わったりするので、その点に注意が必要です（プロパンガスの発熱量は都市ガスの倍程度あります）。都市ガスの場合は、食事の支度時になると急にガス圧が不安定になることもあるようです。予期せぬトラブルを避けるために、プロパンガスを使ったり、食事時の焙煎は避けたりするプロもいます。

電気　電気もガスと同様に制御しやすい熱源です。ただ、同じ熱量に対してガスの二倍ほどのコストがかかり、大型化には向いていないため、主に家庭用の焙煎機や業務用の小型焙煎機（一回一kg程度）に使われています。

過熱水蒸気　過熱水蒸気とは百℃以上に加熱した水蒸気のことで、これを利用した家庭用オーブンが販売されたことで身近な存在になりました。焙煎機の熱源としても利用され始めています。これまでに何度かデータをとりましたが、残念ながら今のところ明確な特徴は見出せていません。ただし、過熱水蒸気は乾燥させる力が強かったり、熱を伝える力が強かったり、通常とは違う環境（無酸素に近い状態）で焙煎することができたりするので、今後の展開が期待されます。

Q62 炭火焙煎の仕組みと特徴を教えてください。

炭火焙煎コーヒーは、日本独特の炭に対する愛着、イメージも手伝って根強い人気があります。

熱源としての炭の長所は、赤外線（近赤外線〜遠赤外線）を発することです。赤外線はコーヒーを構成している成分に直接作用することで熱を伝えます。乾燥させる力が強く、近赤外線などは豆の内部にまで浸透する力が比較的強いので、興味深い熱源ではあるのですが、誤解されることも多い熱源です。炭火を使うことで豆の内部にまでしっかりと火を通すことができるわけではありませんし、そもそも直火式（穴あきチャンバー）の焙煎機でなければ、赤外線の効果を利用することもできません。未知な部分も多く、現状ではややイメージが先行している印象を私は持っています。

炭火には問題点もあります。

第一の問題点は、ガスや電気に比べてコスト高になることです。安定して加熱するには、良質な炭が必要になり、良質な炭ほど価格は高くなります。

第二の問題は、火力調節が難しいことです。調節は炭を足したり、抜いたりしながら行うのですが、どの程度抜くとどのくらい温度が下がり、どの程度足すとどのタイミングで温度が上がるかなど、経験の蓄積が不可欠となります。焙煎の進行状況をつきっきりで見守らなければならないことは言うまでもありません。

第三の問題点は、一酸化炭素が発生することです。一酸化炭素中毒にならないように、数万円で買えるセンサーを身につけて安全性に注意することを強くおすすめします。

なお、品名に「炭火焙煎」と謳えるのは、焙煎時の熱源が炭火だけの場合です。炭火のほかに、ガス、電気、石油系燃料など他の熱源を併用した場合には謳えません。

Q63 焙煎機選びのポイントを教えてください。

焙煎機を選ぶには、まずはどのような味をつくりたいか、そのためにどのような豆の温度の上げ方をしたいかを決めることが前提になります。豆の温度の上がり方を同じにすれば、焙煎機のタイプが違っても大きな差は出ませんが、場合によっては同じにできないことがあります。これは焙煎機の材質や構造、熱源の影響です。例えば、保温性の低い焙煎機では焙煎後期に火力を抑えてじっくりと煎り上げることは難しいですし、排気の弱い焙煎機だと、たくさんの煙が出る深煎りの焙煎に向かない傾向があります。

直火式（穴あきチャンバー）にするか、半熱風式（穴なしチャンバー）にするかという選択肢についても同様です。よく「直火式は豆の特徴を出しやすい」というように語られることがありますが、直火式と半熱風式では同じように火力調整をした場合に豆への熱の伝わり方が多少変わります。それが変われば風味に違いが出てくるのは当然で、その原因をシリンダーの構造に押しつけるのは短絡的です。一分間に何℃温度を上げるかを揃えてデータを比較すると、ほとんどの場合、チャンバー構造による味の違いは見られません。半熱風式の場合は、急激に温度の上がり方を変えるような焙煎は不得意です。ただし、湿度や気温の変化の影響は直火式ほどは受けません。どちらを選ぶかは、どちらの要素がより重要かで決めればよいと思います。

いずれにせよ、これから焙煎機を買う場合には、実際に使っている人にアドバイスを求めたり、メーカーに頼んでテスト焙煎させてもらったりすることをおすすめします。

焙煎機を改造することも流行っていますが、個人的には慎重であるべきだと考えています。焙煎の科学を理解することなく仕様を変更しても効果が得られないことが多いですし、弱点を助長してしまうことすら起こりかねないからです。プロにこだわりは大切ですが、自己満足と顧客満足は別物です。プロはそのことも忘れてはいけないと思います。

Q64 焙煎を安定させるこつを教えてください。

同じ産地の生豆でも、ロット（加工単位）によって色のもととなる成分の含有率が異なり、色づき方が変わります。ですから、焙煎を安定させるためには、まずはできるだけ同じロットを使ったり、切り替えるときも事前に色づき方をチェックしたりすることが重要になります。ただし、同じロットでも品質にばらつきがあることもありますし、時間がたつにつれて質が変わってしまうこともありますので注意が必要です。

同じロットで焙煎を安定させるには、まずは焙煎方法をシンプルにすることです。生豆の投入量を一定にしたり、必要以上に火力やダンパーをいじらないようにしたりするといいでしょう。また、一回ですむ焙煎を何度かに分けるという手もあります。一回めがやや深めになったら、二回めは気持ち浅めに仕上げるなど、微調整しながら焙煎したものを混ぜれば、焙煎のばらつきを相殺することができます。

焙煎時の豆の温度の上がり方を分刻みで記録して、「いつも」の状態を把握しておくことも重要です。いつもとハゼる温度が違うときは、その差分を感覚的に補正したり（例えば、いつもよりハゼる温度が二℃高ければ、煎り止めの温度も二℃高くする）、いつもより焙煎時間が長い（短い）ときには、煎り上がりの温度を低く（高く）したりします。「いつも」の状態を把握できていたら、こうした修正が細かくできるため、より精度の高い焙煎が可能となります。温度の変化が激しければ火力を弱めたり、ダンパーを開いたりすればよく、温度の変化がゆるやかであれば火力を強めたり、ダンパーを閉じたりすればよいのです。

では、焙煎の安定度をチェックするにはどうしたらいいでしょうか。厳密な品質管理が要求される場合には、煎り上がりの豆の色に規格を設けて、焙煎するごとに規格を満たしているか、色彩計（色差計）で実測して確かめることもあります。色彩計では色の三要素である色み、鮮やかさ、明るさを測定できますが、日本では一般に明るさだけを焙煎度の指標としています。明るさの程度は明度（Lightness value・単位記号はL）で表され、コーヒー業界ではこの数値を「L値」と呼んでいます。L値はサンプル（挽いた粉）に光をあてて、その反射の程度から計算されます。

　専門の機械がない場合には、目視で色を判断します。その場合には、極細挽きにした状態で標準品（基準となるサンプル）と比較すると評価しやすいです。

　豆の重量の目減り（焙煎前後の重量変化）も焙煎度の目安になります。いつもよりも目減りが多ければ、いつもより焙煎が深くなっている可能性があります。また、実際に飲んでみて味に問題がないかをチェックすることも重要です。

Q65 豆は産地が違うと焙煎時の色づき方が変わりますか？

　コーヒー豆の色のもととなる少糖類、アミノ酸、クロロゲン酸類の含有率は、種《しゅ》はもちろんのこと、産地によっても違います。それだけでなく、標高や土壌などの栽培条件、精選方法、さらには収穫してからどの程度時間がたっているかなどによっても違ってきます。この含有率の違いが焙煎時の色づき方の違いとなって現れます。

　また、産地が違うと熱の伝わり方自体に差が出ることもあります。この場合、影響を与えるのは水分含有率、豆の大きさなどです。水分含有率は豆の温度の上がり方に影響を与え、豆の大きさの違いは豆が吸収する熱量を変えます。小さな豆を焙煎するときに表示温度が早く上がっていく傾向が見られます。これを「火の通りがいい」と解釈することがあるようですが、これは必ずしも正しい解釈だとはいえないと思います。なぜなら、小さい豆は熱を受ける表面積が小さく、熱を吸収しにくいからです。同じ熱を与えても豆の取り分が減るわけですから、当然焙煎チャンバー内の空気の温度は上がりやすくなります。

異なる種・産地の豆を同じ火力で焙煎した場合の色づきの違いを簡単にまとめてみます。

まずはアラビカ種とカネフォラ種を比較すると、少糖類の含有率の少ないカネフォラ種は色づきが悪いです。同じL値に仕上げようとすると、十℃近く焙煎完了温度を上げる必要があります。

次に、コロンビアを基準としてアラビカ種同士で比べてみましょう。ケニアやタンザニアの色づき方は同程度かやや早めです。ブラジルやエチオピアは途中までは色づきがやや遅いのですが、二ハゼが始まる頃から急激に色づいていく傾向があります。中米（グアテマラやコスタリカなど）のコーヒーは、コロンビアよりやや色づきの遅いことが多いようです。

再現性の高い焙煎を心がけて、こまめに記録をとって統計をとっていくと、いろいろなことが見えてきます。焙煎の悩みを解消したいのであれば、まずはこのあたりのことをクリアする必要があると思います。

実際には、同じように色づかせた場合にも、酸味、苦み、香りの出方は変わります。豆の温度の上がり方を変えるとさらに変わってきます。焙煎は複雑な工程ですから、プロとして追究したいのであれば、闇雲に数をこなすだけではだめだと思います。

Q66 焙煎した豆の表面に油が浮いています。何が原因ですか？

コーヒーの表面が油でテカテカしていることがありますが、その正体はもともと豆に含まれていた脂質です。豆に含まれる脂質の量は、カネフォラ種と比べてアラビカ種の方が倍近く多いので、焙煎の程度が同じであれば、アラビカ種の方が油が出やすくなります。「焙煎の程度が同じであれば」と但し書きをつけたのは、油の出方は焙煎の影響を受けるからです。

豆に含まれていた油脂を焙煎時に表面に押し出してくるのは、焙煎時に発生する二酸化炭素です。二酸化炭素は焙煎が深くなればなるほど多く発生します。ですから深煎りにした場合などは、焙煎中にすでに油がにじみ出ることもあります。焙煎後しばらくたってにじみ出てくる油は、焙煎豆に残っていた二酸化炭素が豆から出ていくときに一緒に押し出されてきたものです。二酸化炭素の放出は焙煎後一カ月程度続きますが、焙煎直後の数日間が特に多いので、たいていの場合はその数日間で油のにじみ方は判断できると思います。

油については、出ていた方が好ましく感じる人と出ていない方が好ましいと感じる人とに分かれるようです。

では、同じ生豆を同じ焙煎度で仕上げる場合に、油を出したり、出さなかったりすることは可能なのでしょうか？　これはある程度コントロール可能です。強めの火力で焙煎すると二酸化炭素は急激に発生し、激しくハゼが起こります。このような焙煎では油が出やすい傾向があります。逆に、低温でじっくり焙煎するとガスの発生もハゼもゆるやかで、油の出にくい豆に仕上がります。ですから、油の出方から焙煎方法を推測することも可能です。ただし、ガスが出きった後しばらくすると、表面の油が豆の内部にスッと引いていくこともありますので、焙煎後数カ月以上たったものに関しては推測は困難です。

油が表面に出ていると劣化が早いのではないかと心配する人もいるようですが、コーヒーの油は比較的長期間変化しません。それはコーヒーが二酸化炭素のバリアに包まれた状態で存在すること、抗酸化成分を大量に含むことによるようです。コーヒーが劣化することを「酸化」ということが多いと思いますが、実は油脂の酸化はコーヒーの劣化とあまり関係はないのです（Q18参照）。

Q67 焙煎した豆の表面にしわがあります。何が原因ですか？

焙煎豆の表面をよく観察してみると、しわがきれいに伸びているものと、しわが伸びきれずに残っているものがあることに気づきます。この差はどこからくるのでしょうか？

原因の一つは生豆にあります。かさ密度の大きい豆は、しわが残りやすい傾向にあります。かさ密度が大きいというと少し難しく聞こえますが、手ですくったときにずっしりと重みを感じる生豆と理解していただけばいいと思います。かさ密度の大きいものの代表例は、ケニアやグアテマラです。一方、かさ密度の小さい豆の代表としては、ブラジル、キューバやジャマイカなどのカリブ海諸国のコーヒーが挙げられます。また、同じ産地でも違いが出ることもあります。高地産のものほどかさ密度が大きくなる傾向があり、これもしわの伸びにくさの傾向と一致します。

しわの残り方は焙煎の仕方にもよります。しわを伸ばすのは焙煎時に発生する水蒸気や二酸化炭素ですから、火力を強くして急激にガスを発生させたり、焙煎を深くして大量のガスを発生させたりすると効果があります。逆に、焙煎が浅い場合や弱い火力で長時間焙煎した場合などは、しわが目立ちます。同じ生豆を使ったのにしわの残り方が違う場合は、豆の温度の上がり方か焙煎度が違うことになりますので、当然味の違いにつながってきますが、しわが多いからといって焙煎が下手であるとはいえませんし、味が劣っているともいえません。長時間焙煎には風味がマイルドになるという特徴もあるのです。根拠のない判断基準が色めがねとなったり、それに振り回されて深煎りにエスカレートしていったりすることがあるのは残念なことです。

最近はあまり行われていませんが、浅煎

りの豆のしわをきれいに伸ばすために、ダブルローストが行われることがあります。ハゼない程度に軽く焙煎した後冷却し、その後二度めの焙煎を行うことできれいにしわを伸ばすことができます。ただし、ダブルローストでしわを伸ばした豆の特性は、一度の焙煎でしわを伸ばした豆のそれとは大きく異なり、酸味が弱く、軽いコーヒーに仕上がります。

Q68 家庭でできる焙煎方法とこつを教えてください。

これまで焙煎の複雑さばかりを語ってきたので、プロ以外の人には敷居が高く感じられたかもしれません。たしかに焙煎は複雑で難しい点もあります。でも、コーヒーに興味を持ったのなら、自分で焙煎してみることを強くおすすめします。生豆の選び方さえ覚えれば、安く、簡単においしいコーヒーをつくれるようになるからです。もちろん、いつも同じおいしさに仕上げることは難しいですし、時には失敗もあるでしょう。それでもいいと思います。手づくりの満足感も味のうちです。そして、いろいろな生豆に触れ、それを自分の手で加工していく過程の中でコーヒーは新しい魅力を見せてくれるはずです。これは私自身が通った道でもあります。

焙煎機がなくても焙煎はできます。私はアマチュアだった頃、焙煎に使えそうな器具はありとあらゆるものを試しました。本などで紹介されることの多い手網はもちろん、焙烙《ほうろく》、フライパン、ゆきひら鍋、土鍋、オーブントースター、ポップコーンメーカー、電子レンジまで。煎りムラが激しくできない程度の火力で撹拌しながら加熱するだけですが、うまくいかなかったのは電子レンジくらいで、あとはそれなりの味がつくれたように思います（いずれの場合も焦げた部分を取り除く作業が必要ですが）。一番うまくいったのは素揚げです。二百℃くらいに加熱した油に生豆を入れると、数分間できれいに揚がります（豆がハゼるときに油が少々飛び散ります）。ペーパードリップで淹れると、通常のペーパーなら油は通り抜けることはないので、飲んでも油っこさはまったくありません。

　市販の家庭用電気式焙煎器もいろいろと試しました。このところ、どんどん性能が上がってきている印象を受けます。インターネットを利用して海外の製品を購入して取り寄せることも簡単です。海外の製品は選択肢が多く、日本仕様の製品よりも価格は安めですが、送料や関税に注意する必要があります。また、電圧にも要注意です。

海外の高い電圧の仕様となっている焙煎機を日本でそのまま使うと、熱量不足できれいに焙煎できないことが多いのです。昇圧器がない場合は、日本仕様のものを買った方が結局は割安になります。

最後に一つ裏技を。手持ちのコーヒー（豆でも粉でも）がおいしく感じられないときには、フライパンで少し煎ってみましょう。飲みやすくなることがしばしばあります。ぜひ一度お試しください。

Q69 異なる種類のコーヒー豆を混ぜるブレンドの目的は何ですか？

コーヒーの風味は豆が生産された国や地域、あるいは焙煎度によって変わります。その違いをストレートに味わうのも楽しみ方の一つですが、風味の異なる豆を組み合わせて新しい味をつくることも楽しみ方の一つです。ブレンドの目的はさまざまあり、プロとアマチュアで違ってくると思います。

プロのブレンドの目的

プロの場合、ある人にとってのブレンドの目的は、ロースターとしての独自性を出すことでしょう。また、ある人にとっては単一のコーヒーでは出せない味をつくることやコストパフォーマンスを上げることが目的となるでしょう。いずれにせよ、プロとしての腕の見せどころです。

プロのブレンドづくりには、コンセプトや顧客ニーズに応じていろいろな注意点が出てきます。

例えば、安定した味づくりが求められる場合には、収穫期の異なる産地のものをいくつか配合したり、通年で安定した収穫量のあるコロンビアなどをベースにしたり、あるいはあえて収穫後時間がたって味の変化が少なくなったもので配合をまとめたり、配合の主軸となる豆の味を保つために生豆を低温輸送・定温保管したりします。

スーパーなど量販店向けのブレンドであれば、価格が重要な要素になりますので、割安感のある原料を選ぶなどしてコストパフォーマンスを上げることがポイントになります。

対面販売の場合には見栄えも大切ですから、大粒の豆を選択したり、色ムラが激しく出ないようにブレンドする豆の焙煎度をある程度揃えたりすることに気をつかいます。

つまり、プロとしてブレンドをつくっていく場合には、生豆に関する知識（産地規格、入港時期→下表参照、品質、価格など）、焙煎豆に関する知識（味の特徴など）、市場に関する

知識などが必要になります。その他、粉砕、包装、保存の知識、さらには表示にかかわる食品衛生法、JAS法（農林物資の規格化及び品質表示の適正化に関する法律）、計量法、景品表示法など法律に関する知識も必要です。

●生豆（ニュークロップ）の入港時期

生豆の生産国・生産地域・銘柄	日本への入港時期
ブラジル	10～6月
コロンビア	通年
ペルー	7～12月
中米	1～7月
エチオピア	1～7月
タンザニア	2～8月
マンデリン（インドネシア）	1～5月

アマチュアのブレンドの目的

アマチュアの場合、味づくりがブレンドの目的となることが多いと思います。数種

類の焙煎豆があれば、それを自由に組み合わせて自分だけの味をつくることができます。二種類を合わせるだけでも風味は複雑化して立体感が出てきますので、単品では味わえないコーヒーの魅力を実感できると思います。

Q70 ブレンドの配合方法で悩んでいます。プレミックスとアフターミックスのそれぞれの特徴を教えてください。

私は仕事上、これまで数百種類ものブレンドをつくったり、検査したりしてきましたが、ブレンドの配合方法は大きく二つに分けられるように思います。一つめの方法は、まず主軸となる豆を決め、その豆に足りない要素を別の豆を少量足すことで味をつくる方法です。もう一つの方法は、単品の特徴を強く出さず、パーツ同士のバランスで味をつくる方法です。

ブレンドには、生豆の状態で混ぜる「プレミックス」と焙煎豆の状態で混ぜる「アフターミックス」とがあります。

プレミックスの場合、生豆を配合比率にしたがって一度計量してしまえば、焙煎中にまんべんなく混ざりますので、アフターミックスに比べて手間がかかりません。この工程のシンプルさが利点になります。しかし、豆の種類ごとに温度の上がり方や焙煎度を変えることができず、この自由度の低さが弱点になります。

一方、アフターミックスの場合、生豆の計量、焙煎を個々に行わなければなりません。そして焙煎後に再び計量して、さらにブレンダーにかけなければなりません。この工程の複雑さ、必要とする設備の多さが弱点となります。しかし、パーツごとに温度の上がり方や焙煎度を変えられるため、表現できる味のバリエーションはほぼ無限になります。この自由度の高さが魅力です。

このようにプレミックス、アフターミックスともに一長一短あり、状況に応じた使い分けが必要です。

Q71 ブレンドはアフターミックスの方がおいしくなりますか？

アフターミックスにかかる手間暇を強調するためでしょうか、プレミックスよりもアフターミックスが優れていると語られることがしばしばあります。

たしかにアフターミックスでしかできないこともあります。中煎りのアラビカ種に深煎りのカネフォラ種の苦みを加えたいとき、選択肢はアフターミックスしかありません。色ムラの少ないブレンドをつくるためにそれぞれのパーツの色を揃える場合にも、アフターミックスの方が適しています（余談になりますが、プレミックスで色ムラが出やすいのは腕が未熟だからではなく、パーツとなる生豆の成分が均一ではないことが原因です）。

ただし、いつでもアフターミックスが必要なわけではなく、それに固執する必要もありません。例えば、それぞれのパーツの温度の上がり方も同じ、焙煎完了温度も同じであれば、アフターミックスにしても無駄な手間をかけているだけです。

プレミックスの方が適していることもあります。配合パーツの中に配合比率がわずか数パーセントにすぎないパーツがある場合、アフターミックスにすると使用量の少ない豆の在庫が長期化することがありますので、プレミックスを検討する価値があります。あまり販売量の多くないブレンドについても同様です。アフターミックスは、どうしても一回あたりの製造量が多くなってしまうからです。また、ブレンダーで焙煎豆を混ぜると豆が割れることがあり、豆のまま販売する場合は見栄えが悪くなったり、割れ豆、欠け豆を取り除く手間暇が発生したりしますので、プレミックスの方が効率的です。

個人的な意見ですが、アフターミックスにする明確な目的や理由がないのであれば、プレミックスから検討を始めた方が無難だと思います。豆の温度の上がり方、焙煎度、配合を多少調整すればプレミックスでもいろいろな味がつくれます。

なお、イメージ通りに仕上がらない場合は、プレミックスとアフターミックスを組み合わせるといいと思います。パーツをすべて別々に焙煎する必要はありません。豆の温度の上げ方や焙煎度の近いもの同士をグループ化すると、わずかな手間暇で味を表現できる幅はぐんと広がります。

Q72 ブレンド名のネーミングのルールを教えてください。

商品名は消費者にとって購入のための重要な判断材料となりますので、消費者に誤解を与えたりすると大きな問題となります。商品名の使用にあたっては、他者の商標権を侵害していないか調べる必要があります。

そして、「レギュラーコーヒー及びインスタントコーヒーの表示に関する公正競争規約」に沿った、以下の内容を満たした表示であることも求められます。

ブレンド名に生豆の産地名を謳う場合に

は、その産地のコーヒーが生豆換算で三〇%以上入っていなければなりません。例えば、「ケニアブレンド」という商品名をつけるには、ケニアが生豆で三〇%以上入っている必要があります（リキッドコーヒーの場合は、日本コーヒー飲料協会の規格により五一%以上です）。ただし、ケニアの比率が一番多い必要はありませんし、焙煎豆の重量の比率で三〇%を下回っても問題ありません。また、特定の銘柄（左表にその一部を抜粋）については、全日本コーヒー公正取引協議会の定める定義に沿った原材料を使うことが求められますので、特に注意が必要です。

「炭焼きモカブレンド」のように焙煎時の熱源名を商品名に使う場合には、他の熱源を一切併用せずに焙煎されたものでなければなりません。この場合は、炭火で焙煎したモカ（エチオピアもしくはイエメン）を三〇%以上（生豆換算）と他の産地の炭焼きコーヒーとで構成されている必要があります。

また、例えば大豆やタンポポのようにコーヒー以外を原材料としたものの商品名にコーヒーと表示することや、客観的根拠にもとづかない「最高級」などの表示をすることは不当表示に該当します。

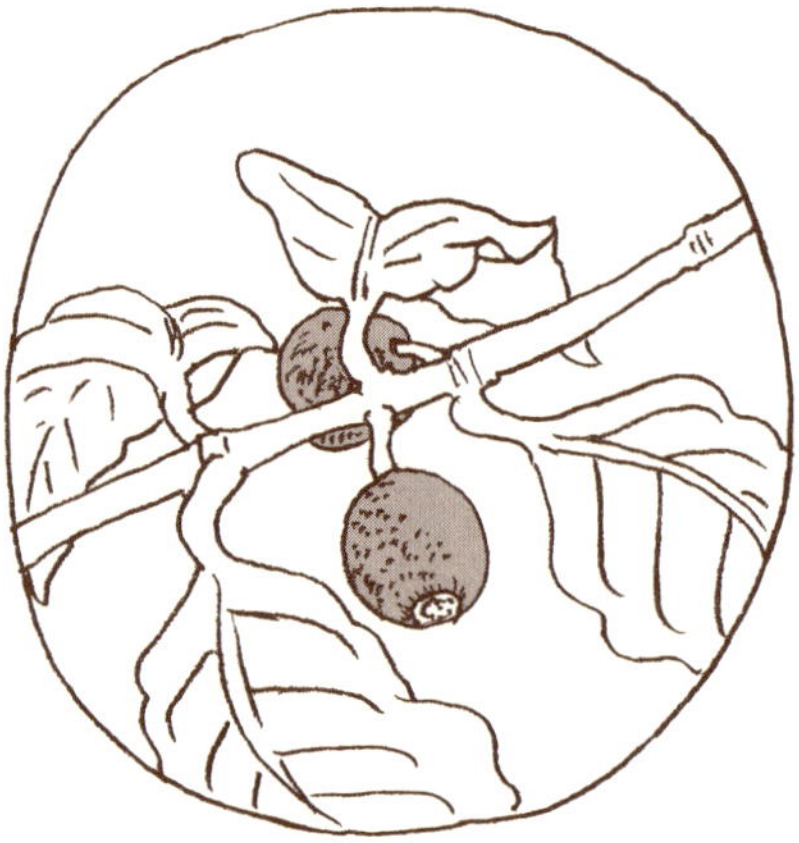

●特定銘柄の名称と定義の一例

名称	定義
ブルーマウンテン	ジャマイカのブルーマウンテン地区で生産されたアラビカコーヒー豆をいう
ハイマウンテン	ジャマイカのハイマウンテン地区で生産されたアラビカコーヒー豆をいう
ジャマイカ	ジャマイカのプライムウォッシュド、ファクトリーウォッシュドの各コーヒー豆をいう
クリスタルマウンテン	キューバで生産された同国輸出規格にもとづくアラビカコーヒー豆をいう
グアテマラアンティグア	グアテマラのアンティグア地区で生産されたアラビカコーヒー豆をいう
コロンビアスプレモ	コロンビア産コーヒー豆のスプレモをいう
モカハラー	エチオピアのハラー地区で生産されたアラビカコーヒー豆をいう
モカマタリ	イエメン産のアラビカコーヒー豆をいう
キリマンジャロ	タンザニア産のアラビカコーヒー豆をいう。ただし、ブコバ地区でとれるコーヒー豆を除く
トラジャ	インドネシアのスラウェシ島、トラジャ地区でとれるアラビカコーヒー豆をいう
カロシ	インドネシアのスラウェシ島、カロシ地区でとれるアラビカコーヒー豆をいう
ガヨマウンテン	インドネシアのスマトラ島、タケンゴン地区でとれるアラビカコーヒー豆をいう
マンデリン	インドネシアのスマトラ島でとれるアラビカコーヒー豆をいう
ハワイコナ	アメリカのハワイ島（「コナ地方」に修正承認予定）でとれるアラビカコーヒー豆をいう

全日本コーヒー公正取引協議会「産地、品種、銘柄の区分及び範囲の例示」より作成

Q73 コーヒーの賞味期限はどのように設定されていますか？

食品の期限表示には、消費期限と賞味期限があります（二〇〇八年時点）。

消費期限は、おおむね五日以内に品質が損なわれる食品に対して、賞味期限はそれ以上日持ちする食品について表示が義務づけられています。製造日は記載を義務づけられていません。コーヒーの場合は、賞味期限を表示する必要があります。

賞味期限は、その製品の責任者である製造業者などが衛生検査（微生物検査）、理化学検査、官能検査などの客観的根拠にもとづいて設定するように食品衛生法で定められています。そして賞味期限に加えて、その期間、品質を保持するための保存条件を表示することも義務づけられています。コーヒー業界ではこうした表示の指針として、全日本コーヒー公正取引協議会が「レギュラーコーヒー及びインスタントコーヒーの賞味期限設定に関するガイドライン」を定めています。

メーカーにとっては、賞味期限の設定の仕方に製造者としてのあり方が問われることになります。例えば、自ら定めた賞味期間中、品質を保持できるだけの包装方法や包材を用いているか、どのレベルまでの変化を品質が保持されていると評価しているか、などが問われます。最近では、卸先あるいは消費者から賞味期限の設定根拠を聞

かれるケースも増えています。私は仕事上、このようなケースの裏付けを取るための検査を行っており、官能検査や香気成分分析、微生物検査などで確かめます。

　買う側にもある程度の知識が求められるのではないでしょうか。一つは賞味期限の定義のことです。賞味期限とは、指定された保存条件であくまでも開封せずに保存した場合の期限です。例えば、賞味期限が長めに設定してあるコーヒー豆なら、日持ちするように酸素や水分を取り除いたり、それらが浸透しないような包材を使用したりするなどして保存環境をつくり出しています。これをいったん開封すると、この環境は壊れ、そこから変化が始まります。もう一つは賞味期限の設定についてです。客観的根拠にもとづく設定が義務づけられているとはいえ、設定の仕方は各社さまざまです。賞味期限が長い場合、前述のように包装・包材を工夫して指定期限内の品質保持を確実にしているケースと、ここまでは大丈夫という判断基準が甘いケースとがあります。あなたの購入したものがどちらに該当するかは、飲めばわかります。

Q74 コーヒーの包装にはどんな方法がありますか？それぞれの特徴を教えてください。

コーヒーの豆や粉は容器に詰めて販売されています。この容器の素材を私たちプロは包材と呼んでいます。

コーヒーの包装には、すぐに他の容器に移し替えることが前提になっている簡易的なものから、長期間の保存を念頭に置いて劣化の要因をできるだけ取り除いたものまで、さまざまな目的、形態があります。そして、どのレベルで包装を行うかに売り手のコンセプトが現れます。

こまめに買いに来てもらうことを前提に短期間で消費されるコーヒーづくりを目指すのであれば、包装にコストをかけることは過剰投資になりかねません。一方、風味をできるだけ長期間保つことを目的とするのであれば、包装方法や包材について熟知しておかなければなりません。

風味をできるだけ長期間保つには、包装時にコーヒーの劣化の原因となる酸素や水分を除去し、その環境を維持することが必要です。空気中には二〇％程度の酸素が含まれていますが、これを一％以下にする必要があり、また、焙煎後のコーヒーは吸湿性が高いので乾燥した環境をつくらなければなりません。

酸素や水分の除去に有効な包装方法はいくつかありますが、その基本となるのは不活性ガス置換です。これは窒素や二酸化炭素など反応性の低いガスを包装時に容器内に吹き込んで酸素や水分を追い出した上でシール（密封）する方法です。非常に単純な方法ですが、効果は十分です。不活性ガス置換は単独で行われる場合もありますし、他の包装方法と組み合わせて行われることもあります。

二つめの方法は、ワンウェイバルブを包材に取り付ける方法です。豆や粉から出てくる二酸化炭素によって容器内の圧力が上昇すると、バルブを通して二酸化炭素と一緒に酸素や水分も排出される仕組みです。〝ワンウェイ〟（片道）の名の通り、内部から外部への排出のみで、外部から内部へは侵入しないため、容器内の残存酸素濃度は低下し、内部は二酸化炭素置換された状態になります。しかしこの方法の場合、前述の不活性ガス置換を併用しないと酸素や水分の影響を取り除くのにかなりの時間がかかり、十分な効果は期待できません。

三つめの方法は真空包装です。真空パックは、消費者には長持ちする保存方法としてのイメージがありますが、真空にしても容器の中の酸素や水分の濃度が低くなるわけではないので、それだけでは十分な効果が期待できません。この方法も不活性ガス置換を併用することで長期保存性が高まります。

四つめは、脱酸素剤を封入して酸素とある程度の水分を取り除く方法です。これは他の方法と違って、化学反応によって酸素と水分を減らします（この化学反応は使い捨てカイロの中で起こるものと同様です）。

●コーヒーの包装方法

不活性ガス置換	窒素、二酸化炭素を容器に吹き込んで水分と酸素を除去
バルブ付き包装	ワンウェイバルブから水分と酸素を二酸化炭素と一緒に徐々に排出
真空包装	吸引により水分と空気をある程度除去（容器内の水分と酸素がなくなるわけではない）
脱酸素剤封入包装	酸素とある程度の水分を化学的に除去 ものによっては二酸化炭素も吸収

Q 75 コーヒーの包材にはどんな素材が適していますか？

ガスバリア性の低い（成分が通過しやすい）包材でコーヒーを包装すると、完全に封をしても包材を通してコーヒーのにおいが漏れてきます。このような包材では、外部の酸素や水分、においなどが内部に入り込んでしまいます。長期的な保存を考えるのであれば、ガスバリア性の高い包材を選ばなければなりません。たとえQ74で述べたような包装方法を採用しても、包材の選択を誤れば、せっかくつくり出した内部環境が維持されず、意味がないからです。

　コーヒーの包材として、従来は缶などが用いられてきましたが、近年、いわゆるフレキシブルパッケージング（軟包装）への包装形態の移行が急速に進んでいます。そしてそれに伴って、いろいろな性質を持ったフィルムを貼り合わせてつくった、優れた特性を示す包材が出回るようになっています。

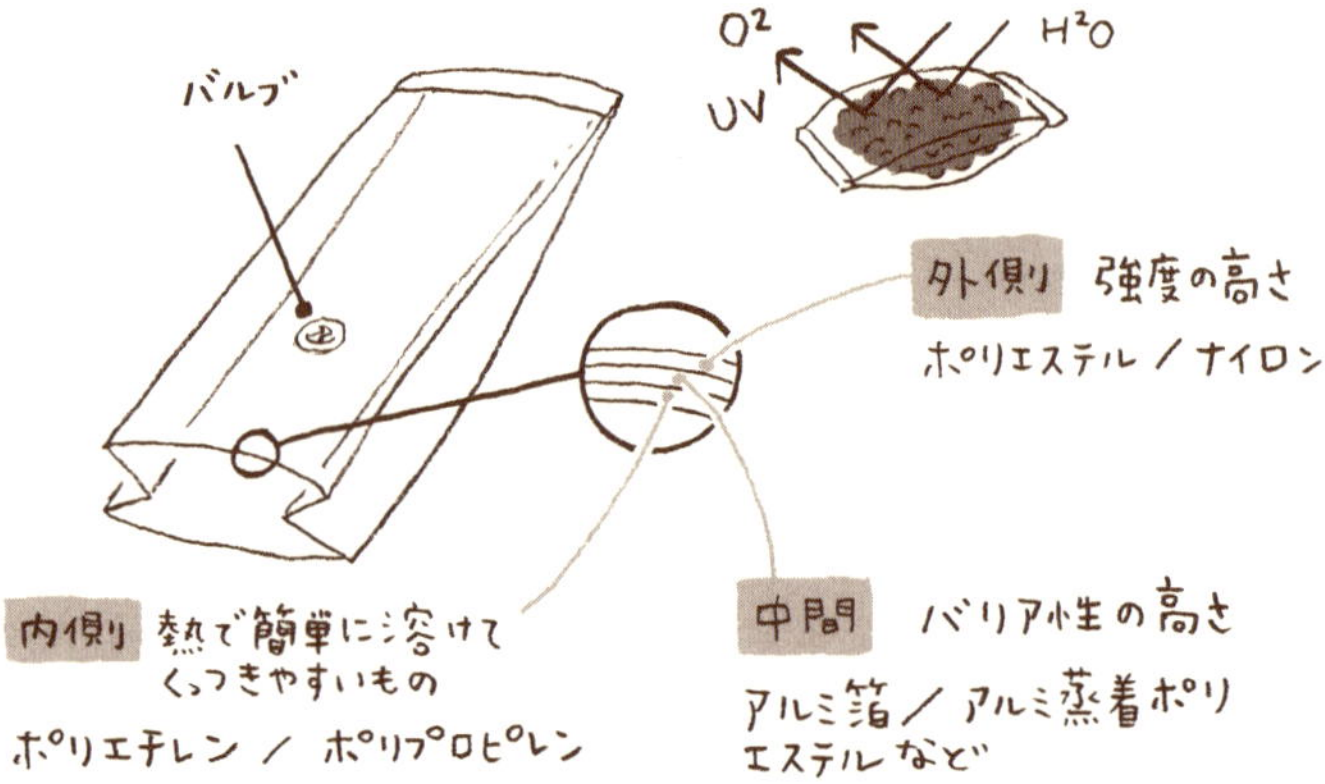

O2
H2O
UV
バルブ
外側　強度の高さ
ポリエステル／ナイロン
中間　バリア性の高さ
アルミ箔／アルミ蒸着ポリエステルなど
内側　熱で簡単に溶けてくっつきやすいもの
ポリエチレン／ポリプロピレン

　こうしたフィルムの一般的な構造は、一番外側に強度の高いポリエステル（PET）やナイロン（Ny・PA）などが使用され、一番内側には熱で簡単に溶けてくっつきやすい（つまり熱でシールしやすい）ポリエチレン（PE）、ポリプロピレン（PP）などが使用されます。そして中間層として、アルミ箔（Al）、アルミ蒸着ポリエステル（VMPET）、エチレン・ビニルアルコール共重合体（EVOH）など、バリア性の高いフィルムを挟んでいます。

各層のフィルムはドライラミネートという方法で貼り合わされることが多く、インクや接着剤の残留溶剤が異臭となることがあり、形状や材質によってはシールしにくいこともあるため、フィルムの選択、シール作業とともに十分な注意が必要です。包材のロット（製造単位）を変更する際も、同様に注意が必要です。

なお、近年の傾向として、ダイオキシンの発生のおそれのある塩化ビニルなどの塩素系ポリマーが使われなくなったことが挙げられます。

Q 76

焙煎直後のコーヒーを袋詰めしたら袋がパンパンに膨れました。どうしてですか？

これはコーヒー豆から放出された二酸化炭素のせいです。最近はあまり誤解されることはないようですが、決してコーヒーが腐敗したわけではありません。焙煎中に発生した二酸化炭素は、はじめは豆に吸着されていますが、次第に放出されていきます。発生する二酸化炭素の量は焙煎度とともに増加して、焙煎豆百gあたり五百ccになることもあります。袋が破れることさえありますから、安全上、品質保持上の観点から二酸化炭素を取り除く作業が必要となります。対策として、エージング、バルブ付き包装、脱酸素剤封入包装が挙げられます。

エージングとは、焙煎したてのコーヒーを保管してガス抜きを行う工程です。エージングに必要な時間は一～三日間ほどで、これは焙煎度、コーヒーの状態（豆か粉か）、保管温度などによって異なります。エージングによってコーヒーは空気にさらされることになりますが、焙煎直後のコーヒーは二酸化炭素によってバリアされた状態にあって酸素の影響を受けにくいと考えられているため、成分の酸化を心配する必要はあまりありません。むしろ、二酸化炭素と一緒に香りも失われていくことの方が大きな問題となります（Q18参照）。

バルブ付き包装はQ74に詳述した通り、ワンウェイバルブから二酸化炭素が排出されるため、焙煎直後のコーヒーを詰めても袋が過度に膨れることはありません。しかし、市販のバルブの中には「ワンウェイ」でないものや耐久性に問題のあるものが多いので、使用前に十分にテストする必要があります。

脱酸素剤封入包装（Q74参照）を行う場合、酸素と二酸化炭素を両方吸収するタイプを選ぶと、これ一つで酸素対策にも二酸化炭素対策にもなります。ただし、脱酸素剤は香気成分もわずかに吸着するため、コーヒーの香りが弱まることがあったり、ガスが吸収されることによって湯を注いだときの香り立ちが悪くなったりすることがあります。また、粉の膨らみが悪くなる場合があり、それによって古いコーヒーであると消費者に誤解される可能性もありますので、十分な説明が必要です。

コーヒーブレーク4

「スペシャルティコーヒー」「プレミアムコーヒー」って何ですか？

産地規格だけで流通するコーヒーを「メインストリームコーヒー」とか「コモディティコーヒー」などと呼ぶのに対して、希少性があったり、生産地域、農園、品種などが限定されていたりする特殊なコーヒーを「プレミアムコーヒー」と呼ぶことがあります。「スペシャルティコーヒー」とは、プレミアムコーヒーの一つです。

スペシャルティコーヒーは、すでにメインストリームコーヒーとは異なる一つの市場を形成するに至っています。スペシャルティコーヒーの特徴は、コーヒーのよさを評価することです。メインストリームコーヒーでは、異味異臭（コーヒーに出ることが好ましくない風味）の評価に重きを置いたカッピング（風味の評価）が行われ、より異味異臭の少ないものに高値がつけられますが、スペシャルティコーヒーについては、より優れているものに高値がつけられます。

スペシャルティコーヒーという言葉が最初に使われたのは、アメリカスペシャルティコーヒー協会（SCAA）によると、一九七四年のこと。Erna Knutsenさんが Tea & Coffee Trade Journal誌上で使ったとあります。彼女は特別な微気象（植物に影響を与えるごく狭い範囲の気象）が生み出す際立った風味のコーヒーを称するためにこの言葉を使ったそうですが、これが定義の原点といっていいと思います。スペシャルティコーヒーの定義にはいろいろなものがありますが、私にはこれが一番しっくりきます。そして、現在の市場には少し違和感を感じます。

スペシャルティコーヒー市場におけるコーヒーのおいしさを評価する姿勢には共感します。しかし、スペシャルティコーヒーという言葉は乱用されすぎて、原点にあった本質をなくしかけて、単なるプレミアムコーヒーとの境界が曖昧になってきているように感じます。それは単に珍しさを意味するものではなかったはずです。農園名や品種名だけで語られるものでもなかったはずです。珍しさや農園名、品種名という付加価値と、際立った風味という付加価値とは、もう少し厳密に区別されてもいいように思います。たしかに希少性や農園名や品種名だけで購買意欲をそそることはできますし、言葉もおいしさの一部かもしれませんが、それは本質的ではないと思います。名もないメインストリームコーヒーの中にも、氏素性がわかっているだけのプレミアムコーヒーよりも風味の優れたものはいくらでもあります。

私にとってのスペシャルティコーヒーは、微気象や栽培や精選が品質に与える影響、焙煎が品質に与える影響を科学的に理解することで見えてくるように思います。すでにいくつかの品質の指標を持ってはいるのですが、まだまだ足りません。コーヒーの世界はとても難しく、そしてとてもおもしろいのです。

5

もっとコーヒーを知りたい人のために——栽培、精選、流通、品種

Q77 コーヒーの栽培に農薬は使われていますか？

コーヒーの栽培には除草剤、殺虫剤、殺菌剤などの農薬が使われます。農薬は高価なものですし、使いすぎは環境に影響を与えかねないことも認識されていますので、減農薬化は進んでいるとはいえますが、現状では「使うのが普通」です。

私は仕事上、生豆の残留農薬検査を毎月五十件以上行っていますが、時には農薬が検出されます。ただし、検出量はほとんどの場合、食品衛生法の基準以下です。農薬の残存が少ない理由は、現代の農薬が非常に高度に設計されていて効力を発揮した後はすぐに分解してしまうこと、産地での農家への指導レベルが上がってきたことが考えられます。

とはいえ、時には食品衛生法の基準を上回るレベルでの残存もあります。社内検査で見つかるケースもありますし、国の検査でも報告事例がいくつかあります。でも、だからといって「コーヒーは危険な食品である」とはいえません。なぜなら食品衛生法違反と健康害の発生とは、必ずしも同次元で語れるものではないからです。健康害発生のリスクは科学的に見積もることが可能です。計算すると、食品衛生法のほとんどの農薬の残留基準がかなり厳しく設定されていることがわかります。つまり、健康害のリスクがまったくなくても違法になり得るのです。

大切なのは、基準値を上回る量の農薬が検出されたら、売る側はそれがどの程度のリスクに相当するか、正確に公表することではないでしょうか。また、買う側にも法の基準値と実際のリスクとを正しく理解することが求められていると思います。しかし、現状はそうではありません。マスコミは違反事例をリスク評価なくセンセーショナルに書き立てます。そして消費者はそれを鵜呑みにし、不安と不信でいっぱいになってしまいます。

とりわけ、コーヒーを扱うプロには正確な知識が必要です。例えば、「コーヒーは果肉に覆われていて、直接農薬にさらされないから安心」だといわれることがあります。これはまちがいです。殺虫剤などは根から吸収された場合、脂質の多いところに蓄積されます。コーヒーの木の場合、それは種子、つまりコーヒー豆にほかなりません。

知らないがために過剰に反応してしまったり、意図せず消費者に嘘をついていたり……。とても残念な話だと思いませんか？

うまくつきあっていくにはまず知るところから。相手は人でも農薬でも同じです。

Q78

オーガニックコーヒーの認定基準を教えてください。オーガニックならおいしいのですか？

化学肥料を使わず、無農薬で育てられたオーガニック（有機栽培）食品に対するニーズは年々増えてきています。オーガニック食品であることを認定する機関は世界にいくつかありますが、日本ではJAS法（農林物資の規格化及び品質表示の適正化に関する法律）により、農産物や農産物加工品に「有機」と表示するためには「有機JASマーク」を貼ることが義務づけられています。有機JASマークを貼る資格を得るには、審査をクリアして認定を取得しなければなりません（農林水産省のホームページ中の「有機食品の検査認証制度」に審査・認定の詳細が掲載されています）。日本の審査基準はアメリカやEUの基準とほぼ同等です。

コーヒーの生豆も例外ではありません。

最初の収穫までの三年間以上、化学肥料や農薬を使用していないことなどの要件がJASに認定されてはじめて麻袋《またい》に有機JASマークを入れることができるのです（ただし植物検疫で燻蒸された場合などは無効になります）。ブラジル、コロンビア、グアテマラ、エチオピアなど各国にJASの認証を受けた農園があります。

JASに有機認証された生豆を焙煎してオーガニックコーヒーとして販売するには、加工業者（ロースター）としてJASの認定を受けなければなりません。また、焙煎豆を小分けして販売するには、同じく小分け業者として認定されなければなりません。手にした商品に有機JASマークがついているということは、栽培から焙煎、小分けまでの工程がJASによって保証されていることを意味しているのです。

ところで、オーガニックコーヒーはおいしいのでしょうか？　この質問もよく受けますが、「つくり方次第です」としか答えられません。コーヒーはたくさんの肥料を必要とする作物です。ただ化学肥料を使わなかっただけの、痩せて味のない有機栽培のコーヒーもあります。化学肥料を使わな

有機JASマーク
JAS
JAS
ハハー
あくまでもガイドラインですから味は自分の舌で判断しましょうよ…

くてもおいしいコーヒーがつくれるようにと、栽培に手間暇をかけたコーヒーもあります。品質に現れてくるのは「栽培環境に応じた適量の肥料が与えられたか否か」です。肥料の量や有機肥料の割合だけで語れるものではありません。

Q 79

コーヒーの果実はどんな工程を経て生豆になりますか？

収穫されたコーヒーチェリーは速やかに果肉をむき取られて種子だけにされ、種子の殻などが取り除かれます。本書ではこの工程を「精製」と呼びます。続いて品質別に分けたり、異物を取り除いたりする工程が行われ、この工程を「選別」と呼びます。そして、これら一連の工程を「精選」と呼びます。

精選の前半工程——精製

精選の前半はチェリーから生豆を取り出す精製工程です。生豆を取り出すには、大きく分けて四つの方法があります。

主流の一つが、非水洗式と呼ばれる方法です。古くから行われており、乾燥式といわれることもあります。アラビカ種であればブラジル、エチオピア、イエメンで多く用いられる方法です。また、ほとんどのカネフォラ種もこの方法で処理されます。非水洗式で処理された生豆をナチュラルコーヒーとかアンウォッシュドコーヒーなどといいます。

もう一つの主流は、水洗式といわれる方法です。これはインドで発明されたといわれています。アラビカ種であれば、中南米諸国、カリブ海諸国、アフリカの国々などで行われています。インド、インドネシアではカネフォラ種もこの方法で処理されることもあります。

三つめは、パルプドナチュラルといわれる方法です。これはブラジルで開発された新しい方法で、従来の非水洗式とは異なる特性の生豆が得られます。

四つめはスマトラ式です。これはインドネシアのスマトラ島、スラウェシ島で古くから行われています。この方法で処理された生豆は外観だけでわかります。

精選の後半工程——選別

精選の後半は、異物を取り除いたり、サイズ別に分けたりする選別工程です。この工程では、最初に石抜きを行います。石と生豆の比重差を利用して取り除くのです。石は作業中に意図せず混入することもありますし、売買は重量で行われるため、故意に石が混ぜ込まれることもあるようです。

第二段階は風力による選別です。豆を上から投入して落下させ、そこに下から風をあてることによって軽い豆や軽い異物を取り除きます。

第三段階はスクリーン選別（サイズによる選別）です。生産国にはそれぞれ独自のサイズの規格があります。

第四段階は比重選別です。ここからは第三段階で分けられたサイズごとに処理され、高品質な比重の大きいものが選び出されます。

そして最後の段階は、色による選別です。機械を使うことも、目視によることもありますが、色のおかしいものなどが取り除かれます。

これでようやく生豆ができあがり、船積みされて消費国へと運ばれていきます。

Q80 誰がどんな形でコーヒーの生産に携わっていますか？

コーヒーチェリーの収穫からそれが生豆となるまでの流れには、いくつかのケースがあります。それは国によって、あるいは農家の規模によって変わってきます。

収穫量が多く、資金も豊かな大農園の場合は、収穫後、精選までを自分たちで行います。なかには輸出まで行う大農園もあります。

しかしながら、世界のコーヒー生産者のほとんどは数ヘクタールの栽培面積しか持たない小農家です。小農家で収穫されたコーヒーチェリーのたどる道のりはさまざまです。そしてどのような道をたどるかによって、生豆の品質、結果的には商品価値が大きく変わってくることになります。

小農園で収穫される場合の一つめのケースは、「殻をむく前、あるいは選別する前までの工程を各農家で行う」です。この場合、品質に影響を与える工程のほとんどが各農家でばらばらに行われることになります。小農家は生産量が少ないため、このケースでは、精選業者がたくさんの農家から集めたコーヒーを混ぜて一つのロット（製造単位）にします。したがって、コーヒーに関する知識、技術や処理設備のばらつきがそのまま商品に反映されることになります。強力な指導力、組織力によってばらつきのない商品をつくっている国がある一方で、ばらつきがあるために商品価値を低く評価されている国や地域もあります。

二つめのケースは、「コーヒーチェリーの状態で売買する」です。この場合は、各農家で収穫されたばかりの大量のコーヒーチェリーを精選業者が買い上げ、一括で精選することになります。そのため品質のよいものができる傾向にあります。

三つめのケースは、「小農家同士が集まって共同で処理する」です。現在、各生産地で生産者組合の組織づくりが活発化しています。小農家がお金を出し合って設備を整えたり、収穫時に手を貸し合ったりします。グループをつくり、協同で品質のよいものをつくることによって、個々の収入を増やしていこうという方法です。品質への影響はもちろんですが、グループとして一貫した処理をすることはトレーサビリティ（その製品の履歴を管理すること）にもつながります。生産者の顔が見えるコーヒーという付加価値も生まれます。組織化が効果を上げた地域はたくさんあります。今後、この動きはますます盛んになるのではないでしょうか。

Q81 コーヒーの価格はどんなふうにして決まりますか？

コーヒーの価格は、基本的には需要と供給のバランスで決まります。アラビカ種の場合はニューヨークの定期市場、カネフォラ種の場合はロンドンの定期市場での価格がベースになりますが、豊作が見込まれたら価格は下がりますし、生産国の政情不安、天候不順による減産が見込まれたら価格は上がります。また、投機目的で行われる売買の影響を受け、需給バランスと関係なく価格が変動することもあります。

二〇〇〇年代はじめ、プロになりたての私は主に商品開発の仕事に携わっていました。当時、ブラジル、ベトナムでの増産によって供給過多となり、価格は低迷していました。どんな豆を使っても採算が合ったので、真剣にコスト計算をすることすらほとんどありませんでした。私はその状況が何を意味するかもわからず、毎日楽しくブレンドをつくっていました。

　価格の低迷がもたらしたものに気づいたのは、それから数年後、産地に足を運ぶようになってからです。いろいろな国を訪れ、放棄されて荒廃した農園を目の当たりにし、学校に行けなくなった子供たちに会いました。生産量の多い国や投機筋の動向だけで価格が決められ、生産コスト分の収入すら保証されない状況で価格が低迷することが、コーヒーの世界を支えている生産農家にいかに深刻なダメージを与えるかを思い知ったのです。

　やがて、ダメージを受けるのは生産農家だけではないことにも気づきました。今度は供給不足を背景に、コーヒーの価格は上昇に転じたのです。低迷から五年ほどで価格は三倍になりました。ブレンドづくりはコスト計算から始まるようになりました。販売価格を維持するために、安い原料を求めることになりました。原料価格を抑えることでカバーできればまだいい方で、売れば売るほど赤字が膨らむ商品も出てきました。

　ダメージを受けたのはメーカーだけではありません。買い叩かれた影響で、生豆の品質は低下しました。前述の通り、販売価格維持のためにコーヒーの品質の低下も起こりました。価格で商品を選んでいた消費者が手にしたコーヒーの品質は、確実に低下したはずです。

　コーヒーの価格は変動するものです。手にする商品の価格にこだわりすぎてしまうと、風味まで変動してしまうことになります。それでもかまわないという選択肢もあるとは思いますが、個人的には風味の安定、向上を求める消費者が一人でも増えることを強く願っています。

Q82 コーヒーの生豆はどんなふうにして日本に運ばれてくるのですか？

生豆の輸送には船便が使われることがほとんどです。多くの場合、コーヒーの生豆は生産国（もしくはその近隣国）でコンテナに詰められて輸出されます。コンテナと同程度の大きさの袋が使われることもありますが、数十kg程度に小分けして容器に詰め、それをコンテナに詰め込んでいくのが主流です。この容器にはさまざまなものがあります。特殊なものとしては、ジャマイカではブルーマウンテンのように樽に詰めるものがあり、インドネシアやイエメンなどではかごに詰めることもあります。一般には、麻やサイザル麻（これは麻の仲間ではありません）で編まれた、いわゆる麻袋《またい》が使用されますが、その容量は四十五kg（ハワイ）、六十kg（ブラジルなど）、六十九kg（中米）、七十kg（コロンビア）など国によってさまざまです。これを二百五十袋程度一つのコンテナに詰めるのが一般的です。また、最近では自家焙煎店などで使いやすい十〜十五kg程度の小さな麻袋が使用されることも増えてきました。コーヒー生産国を訪れると、細身の男性が重い麻袋を軽々と担いでコンテナに詰め込む様子を見ることができます。感心すると同時に感謝の気持ち、さらには申し訳ない気持ちでいっぱいになります。過酷な労働に支払われる対価はごくわずかであるのが現状です。

　コンテナには、空調の機能のないドライコンテナと、空調付きのリーファーコンテナとがあります。主として使用されるのはドライコンテナですが、これは生豆の品質上あまりよい環境ではありません。産地で生豆と一緒にたくさんの水分を含んだ暖かい空気を詰め込んだコンテナは、密閉された後船積みされて、一カ月ほどかけて日本に運ばれてきます。その間、日々温度変化と湿度変化を繰り返していくことになりま

す。日本に近づいてくるとコンテナ中の空気の温度が下がり、結露が起こることもあります。

最近では、リーファーコンテナの利用も増えてきました。コンテナ自体の値段も上がりますし、詰める袋数も減るために割高にはなりますが、温度・湿度の変化が少なく、生豆の品質の保持には有効です（Q52参照）。私はときどき、コンテナ中の温度・湿度変化と輸送による品質の変化を調査するのですが、高品質の、高値で取引されるコーヒーでは、コストアップ以上の効果が期待できると考えています。

Q83

輸入された生豆には品質に問題のある豆や異物が混じっているのですか？

生豆を扱う輸出業者、輸入商社、焙煎業者は、手許に届いた生豆のサンプルで、その品質をチェックします。その中には外観が通常と異なっている豆（栽培、収穫、精選、保存、輸送などの過程で変質します）、石や枝などの異物が混じっていることがあります。

これらを私たちプロは「欠点」と呼びます。「欠点」にはいろいろなものがあり、何を「欠点」とみなすか、またそれらがどの程度品質に影響を及ぼすとみなすかは、各生産国や評価機関によって定められており、それぞれ基準が若干異なっています。

国際標準化機構（ＩＳＯ）が定めた国際標準ＩＳＯ１０４７０には、いろいろな「欠点」について、どの工程中に何が原因で発生するか、外観の特徴は何か（写真付き）、格付けや風味にどのように影響を及ぼすかが具体的に記されています。そのうちの主要なものを左表にまとめました。

黒豆は一粒混入しただけで、一杯のコーヒーの風味を台無しにしてしまうといわれることもあります。通常の生豆と色がまったく違うので見つけることは簡単です。

発酵豆も見た目で簡単にわかります。赤みをおびている点が特徴的です。

カビ豆（表面にカビが生えた豆）は滅多にありませんが、あっても見つけやすいといえます。

虫食い豆も跡があるので見つけやすいといっていいでしょう。

未成熟豆は、独特の緑色をしたやや小さめの豆ですが、焙煎後の方が見つけやすいかもしれません。未成熟豆は正常な豆と成分が異なるために死豆《しにまめ》（色づきの著しく悪い豆）になります。

異物とみなされるものには、パーチメント（生豆を包んでいる殻）のかけら、パーチメントが残っている豆、ドライチェリー（乾燥した果実）、石や土や木片などがあります。

●主要な欠点の特徴・原因・影響

欠点名	特徴	原因	影響
黒豆 (black bean)	黒く変色している／一般的に小さい	菌によるダメージ／未成熟豆の不適切な乾燥など	色ムラ／不快なフレーバー
発酵豆 (sour bean)	赤みをおびている	過発酵	不快なフレーバー
カビ豆 (fungus damaged bean)	生豆表面のカビを肉眼で確認できる	保管環境／輸送環境の不備	カビ臭
貝殻豆 (shell bean)	くぼみがある	生育不良	焦げる
虫食い豆 (insect damaged bean)	虫食いの跡がある	栽培時もしくは保管中の虫食い	色ムラや不快なフレーバー（栽培時の虫食い）
未成熟豆 (immature bean)	しわが寄っている／粘着性の銀皮／メタリックな緑色	未成熟	色ムラ／収斂味
フローター (floater bean)	水に浮く	不適切な保管・乾燥	不快なフレーバー
しわ豆 (withered bean)	表面に深いしわがある	生育不良	不快なフレーバー

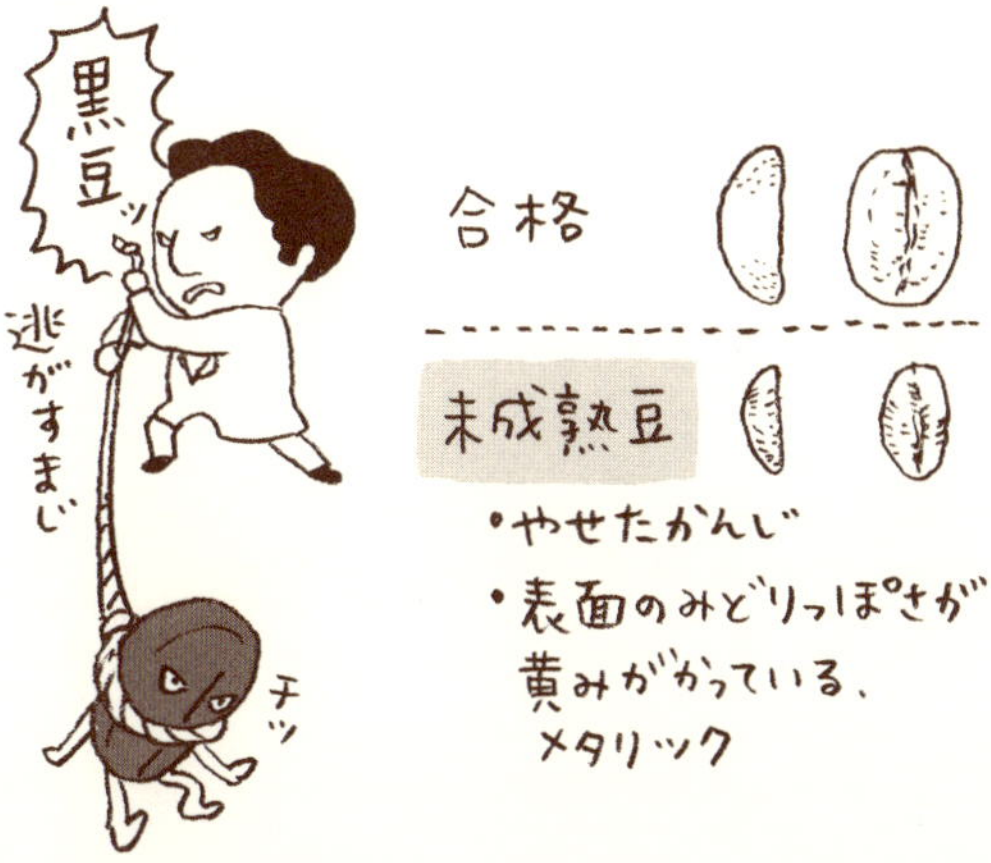
黒豆ッ
逃がすまじ
チッ
合格
未成熟豆
・やせたかんじ
・表面のみどりっぽさが
黄みがかっている、
メタリック

これらは味に与える影響というよりも、精選業者の技術力や農家に対する指導力を見る指標になります。

なお、異味異臭の原因となる豆には外観ではわからないものもあり、カビのようなにおいが出たり、塩素のようなにおいが出たりすることがあります。このようなにおいのリスクを減らすには、カッピング（品質評価のための試飲）を行うことが重要になってきます。

Q84 アラビカ種にはどんな品種がありますか？

アラビカ種には、マルティニーク島から広まっていったティピカ、レユニオン島から広まっていったブルボンを起点とするたくさんの品種があります。

ブルボンはレユニオン島に運ばれたコーヒーの木のうち、偶発的に遺伝的な変化（突然変異）が起こったものを育て、品種として確立させたものですが、同じように突然変異からできた品種がいくつかあります。代表的なものはカトゥーラです。これはブルボンの突然変異種ですが、早く育ち、実をたくさんつけるという特性があり、中南米における主要栽培品種となっています。また、アラビカ種最大の実をつけるマラゴジッペも突然変異種です。

異なる品種の組み合わせ（交雑）で新しい品種ができることもあります。ブラジルで栽培されているムンドノーボは、スマトラ（ティピカのインドネシア亜種）とブルボンの自然交雑によってできたと考えられています。そのムンドノーボとカトゥーラから、カトゥアイという品種が人工的につくられています。人工的な交雑によって品種をつくろうとする場合、花が咲く前に花粉がめしべにつかないようにおしべを抜いてしまいます（これを除雄といいます）。また、コロンビア、イカトゥ、ルイル・イレブンなど、ハイブリッドといわれるタイプの品種（Q86に詳述）も人工的につくられています。

なお、二〇〇六年頃からゲイシャという品種が非常に注目されていますが、これはエチオピアのゲイシャに自生していたもの

●アラビカ種の主要品種

	品種名	起源
	ティピカ (Typica)	エチオピア　伝播ルート：インドネシア→オランダ→フランス
	ブルボン (Bourbon*1)	レユニオン島　ティピカの突然変異
	マラゴジッペ (Maragogipe)	ブラジルのマラゴジッペ ティピカの突然変異
	ゲイシャ (Geisha)	エチオピアのゲイシャ
	カトゥーラ (Caturra)	ブラジル　ブルボンの突然変異
	ケント (Kent)	インドにあるケント氏の農園
	SL28	タンザニア　ブルボン系
	SL34	ケニア　ブルボン系
	ムンドノーボ (Mundo Novo)	スマトラ（ティピカの亜種）とブルボンの交雑
	カトゥアイ (Catuai)	ムンドノーボとカトゥーラの交雑
ハイブリッド	カティモール (Catimor)	CIFC（ポルトガル）　ハイブリッドティモール*2とカトゥーラの交雑
ハイブリッド	コロンビア (Colombia)	コロンビア　ハイブリッドティモール*3とカトゥーラの交雑
ハイブリッド	イカトゥ (Icatu)	ブラジル　薬品処理したカネフォラ種とブルボンの交雑種にムンドノーボを交雑させたもの
ハイブリッド	ルイル・イレブン (Ruiru II)	ケニア　カティモールとSL28系の交雑種*4を交雑させ、SL28を交雑させたもの
ハイブリッド	S795	インド　アラビカとリベリカの交雑種であるS288とケントの交雑

＊1　赤い果実のRed Bourbonと黄色い果実のYellow Bourbonがある。Cattura、Catuai、Colombia、Icatuなどについても同様。
＊2　ティモールで発見されたアラビカとロブスタの交雑種。HdTともいう。
＊3　カティモールに使用されたものとは別株。
＊4　SL28に耐病性のあるK7やHdTなどを交配させたもの。

が一九六〇年代に持ち出されたものです。品種としてはティピカと同じく古くからあるものです。もっとも有名なのは、パナマ産ゲイシャでしょう。このパナマのゲイシャはコスタリカにあるCATIE（熱帯農業研究機関）から分けられたもので、モカに似た香りを醸し出したことで注目を浴びました。私は二〇〇五年にCATIEを訪問したときに植物園を見学し、ゲイシャも見せてもらいましたが、そのときはこれほど有名になるとは思いもしませんでした。

ところで世の中にはたくさんのコーヒーの情報が出回っていますが、「種《しゅ》」と「品種」の区別がついていないことが非常に多いように感じられます。「品種」は「種」の下位の分類になります。品種には栽培を目的とした「栽培品種」や特定の地域にだけ見られる「亜種」などがあります。「アラビカ種」は正しい表現ですが、「ティピカ種」は誤りです。正しくは「アラビカ種ティピカ」や「品種ティピカ」あるいは単に「ティピカ」になります。

Q85 カネフォラ種にはどんな品種がありますか？

カネフォラ種の中でよく知られている品種は、ロブスタ、コウイロイ（コニロン）などです。

カネフォラ種はアラビカ種と異なり、異なる遺伝特性を持った個体同士でしか子孫を残せないので、品種の純度は高くなく、また品種の種類も多くはありません。各生産地域でその土地に合ったタイプが選ばれている程度でしょう。

では、カネフォラ種は優秀な特性を持っ

た株を増やすことはできないのでしょうか？　産地では優秀な株のクローンをつくることでそれを行っています。クローンというとバイオテクノロジーの最先端をイメージしたり、不穏な響きを感じたりするかもしれませんが、要するに「挿《さ》し木」です。

カネフォラ種の場合は、優秀な株の枝を採取して土に挿しておくだけで簡単に根が出てきます。根づいた株はすべて、もとの株と遺伝的にまったく同じものになります。

「接《つ》ぎ木」を行うこともあります。例えば果実の特性の優れた株Aと根の特性の優

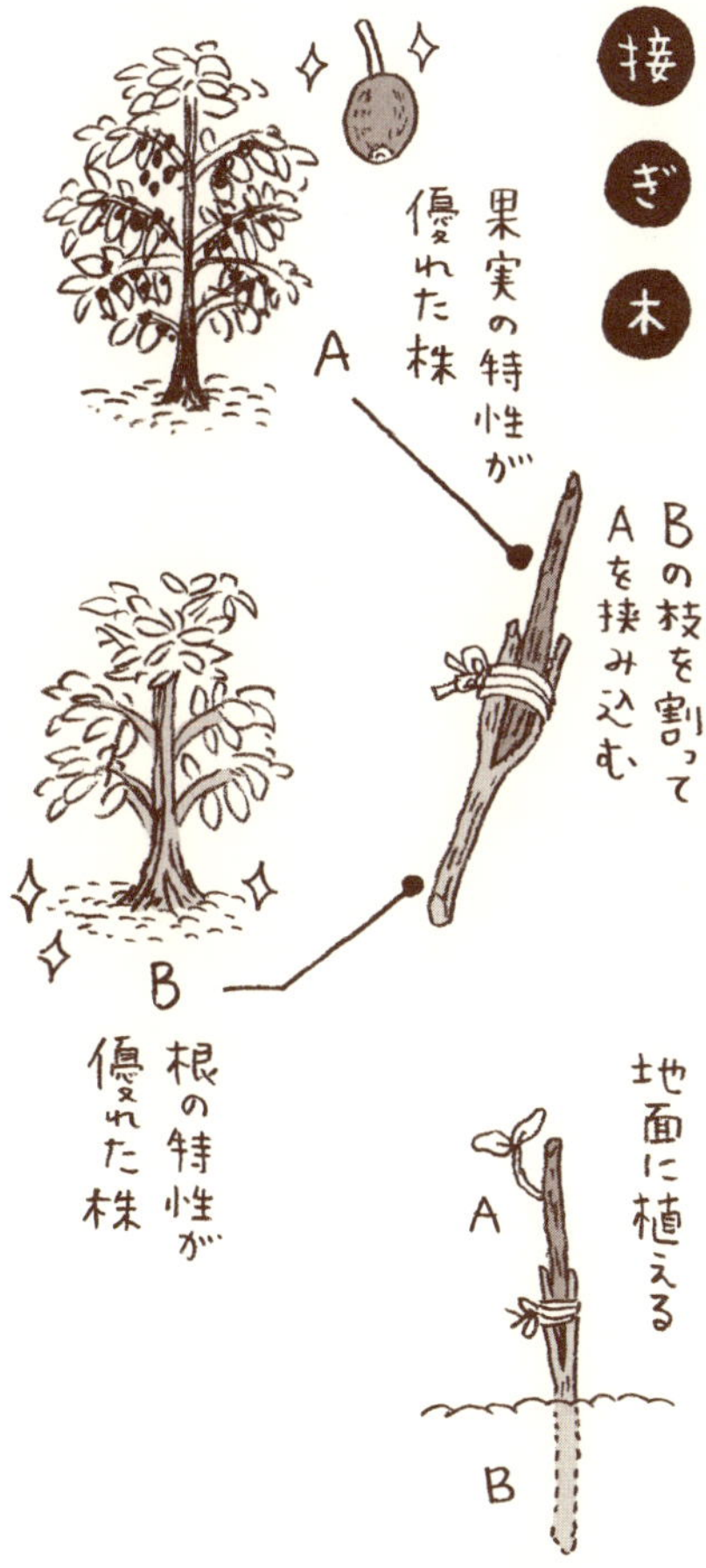
接ぎ木
果実の特性が優れた株
A
Bの枝を割ってAを挟み込む
B
根の特性が優れた株
地面に植える
A
B

れた株Bがあったときに、両者をひもでくくりつけて、Bを下にして地面に挿すと、果実も根も優れた株ができます。ただし、この場合は接合部から下で一度カットしてしまうと、その後の果実はBの特性を示すことになります。また、枝を採取してつくったクローンにはAの特性しか反映されません。

やや話が逸れてしまいますが、接ぎ木はアラビカ種とカネフォラ種の間で行われることもあります。アラビカ種の果実特性とカネフォラ種の丈夫さを生かすことができるため、土壌がアラビカ種に適さない地域、根にダメージを与える線虫が蔓延している地域などで行われます。この株から収穫された果実の特性は、完全にアラビカ種と同じです。接ぎ木による種のかけ合わせは、アラビカ種の特性とカネフォラ種の特性が木全体に現れるハイブリッド（Q86に詳述）とは異なります。

●カネフォラ種の主要品種

品種名	起源
ロブスタ（Robusta）	ヴィクトリア湖（ケニア、タンザニア、ウガンダにまたがる湖）の西
コウイロイ（Kouillou）／コニロン（Conillon）	ヴィクトリア湖の西 ブラジルではコニロンと呼ばれる

Q86 コーヒーにおけるハイブリッドって何ですか？

異質なものを組み合わせてつくったものをハイブリッドといいます。ガソリンと電気の組み合わせで走る自動車、ハイブリッドカーがよい例です。

本来、植物のハイブリッドとは交雑させたもの全般を指しますが、コーヒーの場合日本では、アラビカ種とそれ以外の種《しゅ》を交雑させたもの（これを種間交雑といいます）を意味することがほとんどです（Q84の表参照）。種間交雑の多くの場合は、アラビカ種にカネフォラ種を交雑させたものになります。アラビカ種の病害虫に対する弱さを、丈夫なカネフォラ種で補おうという発想です。

コーヒーのハイブリッドづくりの主要な

方法は、他の植物における交雑種づくりと同じです。アラビカ種のめしべに、交雑したいものの花粉をつけるだけです。ところが、これが容易ではないのです。なぜならアラビカ種とカネフォラ種は染色体の数が違い、両者の組み合わせでは子孫を残せないからです。

この問題点を解決したのが、ティモール島で発見されたハイブリッドティモールです。ハイブリッドティモールは、アラビカ種と突然変異によりアラビカ種と同じ染色体数になったカネフォラ種の自然交雑種で、遺伝的にはアラビカ種ですが、カネフォラ種の丈夫さを兼ね備えていました。このハイブリッドティモールとアラビカ種を交雑させて、各国でいろいろなハイブリッドが誕生しました。ハイブリッドティモールとカトゥーラを交雑させたカティモールやコロンビアが有名です。

同じようなパターンで、アラビカ種とリベリカ種が交雑したものもあります。インドで見つかったS288という品種です。このS288とケントを交雑させたものがS795。これはインドやインドネシアにおける主要な栽培品種となっています。

ハイブリッドづくりのもう一つの方法は、アルカロイド（植物に含まれる成分の一種）を使って人工的にカネフォラ種の染色体数を変え、それにアラビカ種を交雑させるというものです。ブラジルでつくられたハイブリッドであるイカトゥは、薬品処理されたカネフォラ種にアラビカ種を交雑させたものを起点としています。薬品処理というと安全性を疑問視されかねませんが、私たちは日常的にその恩恵を被っています。種なしのぶどうやすいかができるのは、薬品処理によって染色体数を変えて、種子をできなくしているからです。

ハイブリッドは当初、耐病性を重視してつくられていましたが、近年ではそれだけではなく、味という私たち消費国側にとって重要な要素も強く意識されるようになっています。

Q87 コーヒーは昔ながらの品種の方がおいしいのですか？

このところ、コーヒーも品種で語られる機会が増えてきたように感じます。特にティピカやブルボンなど、古くからある品種への評価の高さが目立ちます。コーヒーに対してより強いこだわりが持たれること、よりたくさんの情報が提供されること、いずれもたいへん素晴らしいことだと思います。しかし、それが伝統品種依存症とでもいうべき極端な品種信仰につながりがちであることに強い懸念を覚えます。コーヒーを提供する側には、安易に商業主義に陥らず、正しい情報を買い手に伝える義務があるはずです。そして買い手には、その情報を的確に判断する能力が求められます。

私は仕事上、いろいろな産地に足を運んでコーヒーの品質をチェックしたり、産地から送られてくるいろいろなコーヒーを科学的に分析して品質の評価をしたりしています。いずれの経験からも言えるのですが、品種は品質の一要素にすぎません。例えば土壌、標高などの地理的な条件、降水量、気温などの気象条件は、品質に大きな影響を与えます。収穫後の精選工程も重要です。これらの影響を無視して品種が味を支配しているかのように語るのは誤りです。では、仮に地理的条件、気象条件、精選方法が同じならどうでしょう？　この場合も品種の優劣は安易には語れません。なぜなら、それぞれの品種には適性があるからです。おいしいコーヒーをつくるためには、その土地に合った品種を選ぶことが重要になります。その答えは、一律にティピカやブルボンであるとは限りません。

伝統品種依存症は、改良品種拒絶症を併発します。この場合、その矛先はハイブリッドと呼ばれるアラビカ種とカネフォラ種の交雑種に向けられます。ハイブリッドの開発には、味よりも収穫量を多くしたり、病害虫に強くしたりすることが重視されてきた歴史もありますので、たしかに一理があるのですが、やはり「ハイブリッドはだめ」と一概に言えるものではありません。

品種信仰の一番の弊害は、それがコーヒーの評価に影響を与えてしまうことです。おいしくないティピカも、おいしいハイブリッドも、いくらでもあります。せっかくのコーヒーが、その肩書き一つのせいで、不当においしく、あるいはまずく評価されるのはとてももったいないことです。お金がもったいなかったり、コーヒーがもったいなかったり。

●参考文献

石脇智広ほか、『コーヒー検定教本』、全日本コーヒー商工組合連合会、２００６

中林敏郎ほか、『コーヒー焙煎の化学と技術』、弘学出版、１９９５

J. N. Wintgens, "Coffee: Growing, Processing, Sustainable Production", WILEY-VCH, 2004

R. J. Clarke and R. Macrae, "Coffee Vol.1, Chemistry", Elsevier Applied Science Publishers, 1985

R. J. Clarke and O. G. Vitzthum, "Coffee Recent Developments", Blackwell Science, 2001

A. Illy and R. Viani, "Espresso Coffee: The Chemistry of Quality", ACADEMIC PRESS, 1995

A. Illy and R. Viani, "Espresso Coffee (2nd edition): The Science of Quality", ACADEMIC PRESS, 2005

おわりに

果たしてこの本はコーヒーの森を歩くガイドブックになれたでしょうか？　書き終えて残っているのは、それなりの満足感とそれよりもずっと大きな不安と後悔です。「科学」はとてもおもしろいコンパスですが、私自身は優秀なガイドではないために、そのおもしろさをどこまで伝えられたか、どれだけみなさんのお役に立てたか大いに不安です。伝えきれなかったこともたくさんあります。もっとうまく伝えられたのではないかと思うこともあります。この反省は機会があれば、次に活かしたいと考えています。コーヒーの森の楽しさ、その奥行きの深さ、そして科学の楽しさについて、伝えたいことはまだまだたくさんあります。残念ですが、とりあえず今回はここまで。

この本を書くにあたって私の背中を押してくださったカフェ・バッハの田口護さん、辻静雄料理教育研究所の山内秀文さん、私に欠けている生産に関する知識を補ってくださった研究者仲間でもあり偉大な兄貴分でもある川島良彰さん、的確かつ親しみやすいイラストを描いてくださった川口澄子さんにまずは厚くお礼を申し上げます。

そして、いつも私の仕事に理解を示し、バックアップしてくれる石光商事株式会社、そこで一緒に働いている仲間、そして家族に深く感謝します。
最後に、私のわかりにくい原稿を一生懸命に読んで噛み砕いてくださった編集の美濃越かおるさんに感謝の気持ちを。この本がコーヒー愛好家の役に立つ一冊に仕上がったのであれば、それは美濃越さんのおかげです。とても感謝しています。

二〇〇八年八月

石脇智広

用語解説

コーヒーチェリー

コーヒーの果実のこと。

生豆(なままめ)

収穫したコーヒーチェリーから取り出し、乾燥させた種子のこと。通常は輸出前に規格に合わせて選り分けられる。

コーヒー豆

生豆を煎ったもの。あるいはそれをさらに粉砕して粉にしたもの。「レギュラーコーヒー」ともいう。

ミューシレージ

パーチメントの表面を覆っている粘液質のこと。そのままではべたつくために精選の際には乾燥させて処理するか(非水洗式、パルプドナチュラル)、取り除いて処理するか(水洗式)、いずれかの方法がとられる。取り除く場合は、水に溶けないので消化酵素や微生物の力を借りてミューシレージを発酵させ、分解してから洗い流すか、そのまま強制的にはぎ取るかする。

パーチメント

生豆あるいは種子を覆っている薄い殻のこと。パーチメントに包まれた状態の生豆をパーチメントコーヒーという。

熟度

コーヒーチェリーは青く小さい未成熟な状態(未成熟果実)から徐々に成熟し、大きく熟した状態(完熟果実)へと生長し、やがて過熟の状態(過熟果実)に至る。この成熟度のことを熟度といい、完熟果実に近づくほど熟度が高くなる。各成熟度の果実から取り出した種子をそれぞれ未成熟豆、完熟豆、過熟豆と呼ぶが、一般に生豆はこれらが混在したものである。ロット(加工単位)全体に対する完熟豆の比率を熟度ということもある。

精選

コーヒーチェリーから種子を取り出し、乾燥させて生豆をつくり、輸出規格に仕上げる一連の加工工程のこと。精選の前半は生豆をつくる工程で、本書では「精製」と呼び、後半の生豆を選り分ける工程を「選別」という。

精製

コーヒーチェリーから種子を取り出し、乾燥させ、生豆をつくる工程。精製の方法は水洗式、非水洗式、パルプドナチュラル、

スマトラ式に分かれる。

水洗式

果肉をパルパーと呼ばれる専用の機械でむき、ミューシレージを取り除いた後、パーチメントコーヒーの状態で乾燥させる精製方法。パルパーを使うことによって混入した未成熟豆を取り除ける点が特徴的。

非水洗式

コーヒーチェリーを果実ごと乾燥させる精製方法。工程としては非常にシンプルで、水洗式にはない風味のコーヒーができるが、乾燥にかかる負荷が大きくなる。

パルプドナチュラル

果肉をパルパーでむき、ミューシレージがついたままパーチメントコーヒーを乾燥させる精製方法。「セミウォッシュド」といわれることもあるが、「セミウォッシュド」という言葉は水洗式のうち、ミューシレージを強制的に取り除く方法にも使われる。曖昧さを避けるために本書では使用していない。

スマトラ式

水分の多い状態でパーチメントまでを取り除き、生豆の状態で乾燥させる精製方法。水分の多い状態で殻をむくことで、生豆が深緑色に仕上がる。

脱殻(だっかく)

殻をむき、種子を取り出すこと。コーヒーの場合、精製方法が非水洗式のときは、殻とは外果皮、果肉、ミューシレージ、パーチメントが乾燥したものを指す。それ以外の精製方法のときは、殻とはパーチメントを指す(ただしパルプドナチュラルの場合はパーチメントの表面に乾燥したミューシレージが付着している)。「脱穀《だっこく》」という言葉を使う方が一般的。

選別

生豆をサイズ別に分けたり、「欠点」を取り除いたりして、輸出規格に仕上げること。

脂質

水に溶けずに有機溶媒に溶ける物質のこと。コーヒーの主要成分の一つで、コーヒーには「油脂」や「ワックス」などが含まれている。

アミノ酸

アミノ基という構造とカルボキシル基という構造の両方を持った物質の総称。コーヒ

ーの香りのもと、色のもと、苦みのもととなる。

タンパク質

アミノ酸が百〜数千結合してできる物質。コーヒーの主要成分の一つで、コーヒーの骨格をつくるもととなる。タンパク質のうち、水に溶けるものはコーヒーに濃度感を与える。酵素もタンパク質。生豆にはミューシレージを分解したり、脂質を分解したりする酵素が含まれている。

少糖類

小さな糖（ブドウ糖など）やそれが数個結合してできた糖（ショ糖＝砂糖）などのこと。コーヒーの酸味のもと、香りのもと、色のもと、苦みのもととなる。

多糖類

小さな糖が数十個以上の単位で結合したもの。コーヒーに一番多く含まれる成分で、コーヒーの骨格をつくるもととなる。多糖類のうち、水に溶けるものはコーヒーに濃度感を与える。

クロロゲン酸類

コーヒー酸とキナ酸が一対一で結合してできたクロロゲン酸と、それに類似した物質の総称。その構造からコーヒーポリフェノールといわれたり、性質からコーヒータンニンといわれることもある。クロロゲン酸類はコーヒーの酸味のもと、香りのもと、色のもと、苦みのもととなる。

メイラード反応

糖とアミノ酸を加熱したときに見られる褐色化反応のこと。コーヒーの場合の褐色化はもう少し複雑で、糖の加熱によって生じるカラメルやクロロゲン酸類も関係している。メイラード反応が起こるときにコーヒーの香りも形成されていくが、どんな糖やアミノ酸がどの程度含まれているか、何℃で加熱するかによって香りの質や強さが変わってくる。

カラメル化

糖のみの加熱で見られる褐色化反応のこと。

ガスバリア性

包材（包装用の素材）の気体（ガス）を遮断する性質のこと。風船が少しずつしぼんでしまうのは素材であるゴムのガスバリア性が低く、風船の表面から気体が逃げていく

から。コーヒーの長期保存を考える場合は、劣化の原因となる酸素や水分を取り除き、ガスバリア性の高い包材を使って、その状態を維持することが重要になる。

バルブ

ガスを逃がすために包材に取り付ける弁のこと。焙煎後のコーヒーはその内部にたくさんの二酸化炭素を含んでいて、それが少しずつ放出されていく。放出されるガスを取り除くことを「デガス」といい、バルブ付きの包材を使うことはデガス方法の一つ。たくさんのバルブが市販されているが、耐久性に問題があるもの、包材の中から外への一方通行(ワンウェイ)でないものなどがあり、想定する賞味期限に応じて選択する必要がある。

湿度

コーヒーの水分含有率は周囲の湿度に応じて変化する。室温に置かれた水分12%の生豆の湿り具合は湿度60〜70%に相当する。周囲の湿度がこれより高ければ生豆は吸湿し、その水分含有率は増加する。逆にこれより低ければ生豆は水分を放出し、水分含有率が減少する。焙煎豆の場合の湿り具合は多くても湿度30%程度相当で特殊な環境を除けば吸湿しか起こらない。

直火式・半熱風式

焙煎機の構造の分類(おそらく日本でしか通用しない)。シリンダー状の焙煎チャンバー(豆を入れる部分)を直接加熱するタイプの焙煎機で、壁面に穴があいているものを直火式、穴のあいていないものを半熱風式という。半熱風式の場合は、チャンバー後方(排出側の反対側)から熱源からの熱風をわずかに引き込めるものもあるが、その影響は大きくはない。

伝熱

物体間に温度差がある場合、温度の高い方から低い方へ熱の移動が起こる。これを伝熱という。伝熱には三つの形式がある。一つめは固体間あるいは固体内部で起こる「伝導」。焙煎機の場合、伝導はチャンバーと豆との接点で起こる。また、豆の表面から中心部への熱の移動も伝導。二つめは気体や液体の移動によって起こる「対流」。対流は熱せられた空気から豆の表面へ熱が伝わる際に起こる。三つめは「輻射《ふくしゃ》」。輻射は赤外線による伝熱。熱源の材質によって赤外線の持つエネルギーが変わり、それを受けた物体の温度の上がり方が変わっ

てくる。セラミックスを装着した直火式焙煎機を使用すると、エネルギーの小さい遠赤外線を利用できる。炭火を熱源とした直火式焙煎機では遠赤外線だけでなく、よりエネルギーの大きい近赤外線も利用できる。

温度プロファイル

時間の経過に対する温度の変化を表したグラフのこと。焙煎中の豆の温度の上がり方の目安になる。同じ生豆を同じ色になるように焙煎しても、温度プロファイルが違えば風味は同じにはならない。

焙煎度

加熱の程度を示す指標。おおまかには「浅煎り」「中煎り」「深煎り」などと分類する。一般的には「ライト」「シナモン」「ミディアム」「ハイ」「シティ」「フルシティ」「フレンチ」「イタリアン」の8段階で表す。数値化が必要な場合、焙煎時の目減り率で表したり、機械を使って色を測ったりする。色彩計（色差計）を使って明度を測るのが一般的で、コーヒー業界ではこれを「L《エル》値《ち》」と呼んでいる。

害虫

コーヒーの木の場合、コーヒーチェリーに入り込んで種子を食い荒らすベリーボーラーや、根にダメージを与える線虫などがある。

病気

コーヒーの木の場合、葉にダメージを与えて木を弱らせるさび病、根にダメージを与えて木を弱らせる萎凋《いちょう》病、コーヒーチェリーにダメージを与えて収量を低下させるCBD（Coffee Berry Disease）などがある。いずれもカビが原因。

死豆（しにまめ）

焙煎時に他と比べて著しく色づきの悪い豆のこと。生豆に含まれる色づきのもととなる成分が少ないことに起因する。

欠点

外観に異常がある生豆と石などの異物の総称。多くは精選工程で取り除かれる。多くのコーヒー生産国は輸出規格に欠点数（欠点の程度を数値化したもの）を採り入れている。

著者略歴

石脇智広（いしわき・ともひろ）

1969年鹿児島生まれ。博士（工学）。全日本コーヒー検定委員会コーヒー鑑定士講師。
東京大学大学院工学系研究科修了後、1999年、関西アライドコーヒーロースターズ（株）に入社し、
各製造工程、品質管理、研究開発を担当。2001年より石光商事（株）研究開発室室長として、
栽培から抽出に至る全工程を対象にコーヒーの科学に取り組んでいる。
著書に『コーヒー鑑定士検定教本』（共著）、『コーヒー検定教本』（主筆）がある（両書とも全日本
コーヒー商工組合連合会発行）。趣味を仕事にした元コーヒーおたく。

石光商事株式会社　兵庫県神戸市灘区岩屋南町4-40
http://www.qualityofcoffee.com　t-ishiwaki@ishimitsu.co.jp

コーヒー「こつ」の科学
コーヒーを正しく知るために

初版発行　2008年9月10日
8版発行　2016年2月10日

著者© **石脇智広**
発行者　土肥大介
発行所　株式会社 柴田書店
東京都文京区湯島3-26-9 イヤサカビル　〒113-8477
電話　営業部　03-5816-8282（注文・問合せ）
書籍編集部　03-5816-8260
URL　http://www.shibatashoten.co.jp
印刷　株式会社文化カラー印刷
製本　協栄製本株式会社

本書収録内容の無断掲載・複写（コピー）・引用・データ配信等の
行為は固く禁じます。落丁、乱丁本はお取り替えいたします。

ISBN978-4-388-25114-8
Printed in Japan